52815

AF331047

THÈSE

POUR LE DOCTORAT

FACULTE DE DROIT DE PARIS.

DROIT ROMAIN

DE LA PROCÉDURE CRIMINELLE A ROME
DEPUIS L'ÉTABLISSEMENT DE L'EMPIRE
JUSQU'A LA MORT D'ALEXANDRE SÉVÈRE

DROIT FRANÇAIS

DES CAS OU L'EXERCICE DE L'ACTION PUBLIQUE
EST SUBORDONNÉ
A LA PLAINTE DE LA PARTIE LÉSÉE

THÈSE POUR LE DOCTORAT

PAR

Raoul MORISE
AVOCAT A LA COUR D'APPEL

L'acte public sur les matières ci-après sera présenté et soutenu
le *jeudi 28 juin 1883*, à midi.

PRÉSIDENT : M. LEVEILLÉ, PROFESSEUR.

SUFFRAGANTS : MM. CAUWÈS,
Henri MICHEL,
LAINÉ,
BEAUREGARD. AGRÉGÉS.

Le candidat répondra, en outre, aux questions qui lui seront faites
sur les autres matières de l'enseignement.

PARIS

A. COTILLON & Cie, IMPRIMEURS-ÉDITEURS,
Libraires du Conseil d'État et de la Société de Législation comparée,
24, RUE SOUFFLOT, 24.

1883

DE LA PROCÉDURE CRIMINELLE A ROME

DEPUIS L'ÉTABLISSEMENT DE L'EMPIRE

JUSQU'A LA MORT D'ALEXANDRE SÉVÈRE.

INTRODUCTION.

L'organisation des tribunaux répressifs et la procédure criminelle sont étroitement liées à la constitution politique. Cette vérité éclate dans l'histoire de Rome. L'administration de la justice criminelle y fut très différente sous l'Empire de ce qu'elle avait été sous la République. Mais le changement n'eut pas lieu en un jour. De même que la constitution resta républicaine, en apparence du moins, sous les premiers empereurs, de même l'ancienne procédure criminelle ne disparut pas tout à coup : ce n'est que peu à peu et presqu'insensiblement que le système accusatoire, suivi sous la République, s'effaça devant un système nouveau.

C'est l'histoire de ce changement que je me propose d'étudier. Le travail de transformation, commencé dès l'établissement de l'Empire, est achevé à la fin de l'époque classique, c'est-à-dire vers le temps de la mort d'Alexandre Sévère. Il est vrai que les réformes administratives et politiques de Dioclétien et de Constantin amenèrent quelques changements dans l'organisation des tribunaux répressifs. Mais ces changements, intéressants au point de vue historique, n'eurent point d'importance juridique. Il est vrai aussi que le système inquisitoire se développa encore sous les empereurs que je viens de nommer et même sous Justinien. Mais dès le temps des jurisconsultes classiques, les principes sont posés et l'on peut dire sans inexactitude qu'à cette époque le système accusatoire n'a plus que l'apparence de la vie.

Il est impossible de comprendre les modifications apportées par l'Empire dans l'administration de la justice criminelle si l'on ne sait pas, au moins d'une façon générale, quelles avaient été en cette matière les règles suivies sous la République. Je dois donc rappeler quelles juridictions rendaient la justice criminelle sous la République, et quelle procédure on suivait devant ces juridictions. Je le ferai aussi brièvement que possible.

A l'origine, les rois eurent dans leurs mains tous les pouvoirs, le pouvoir judiciaire comme le pouvoir religieux et le pouvoir militaire.

Ce qui concerne la procédure criminelle à cette époque est très-obscur. Tout ce que nous savons c'est que le roi, juge du grand criminel, siège tantôt seul, tantôt assisté d'un conseil; quelquefois enfin, il délègue son pouvoir à des commissaires, appelés duumvirs. L'appel devant les comices est toujours possible, au moins depuis le règne de Tullus Hostilius. Au commencement de la République, tous les pouvoirs qu'avaient eus les rois furent attribués aux consuls. Dans la suite le consulat fut démembré, et ses démembrements formèrent de nombreuses magistratures, judiciaires ou administratives; mais dans le temps qui suivit l'expulsion des rois, la connaissance du grand criminel appartint aux consuls.

Il paraît que le principe de l'appel au peuple, déjà reconnu sous les rois, ne fut pas toujours respecté; et plusieurs lois, la loi Valeria, qui fut renouvelée trois fois, les XII Tables et la loi Horatia durent rappeler le principe, en fixer la sanction et défendre de créer aucune magistrature, dont les décisions fussent exemptes de l'appel au peuple.

Non seulement le citoyen condamné pouvait interjeter appel devant l'assemblée du peuple; mais, simple accusé, il pouvait exiger que l'affaire fut portée directement devant les comices.

L'exercice de ce droit d'appel devint si fréquent que toute la justice criminelle se trouva bientôt exercée par les comices, et que le peuple assemblé fut la seule juridiction qui statua sur les affaires capitales intéressant un citoyen.

Devant les comices, le droit d'accusation n'appartenait qu'aux magistrats ayant qualité pour convoquer le peuple. La procédure était la même que celle suivie pour le vote des lois. Les peines étaient arbitraires : le peuple statuait dans sa souveraineté. Mais l'accusé pouvait prévenir la condamnation par un exil volontaire ; une loi privée lui interdisait alors l'eau et le feu.

Les comices déléguaient souvent pour une affaire déterminée leur pouvoir judiciaire soit au Sénat, soit à des commissions (*quæstiones*).

Cette habitude qu'avait le peuple de déléguer son pouvoir judiciaire à des commissions fut l'origine de la juridiction des commissions permamentes (*quæstiones perpetuæ*).

Au commencement du VIIe siècle de Rome, une loi Calpurnia décida que désormais les crimes de concussion feraient toujours l'objet d'une délégation et seraient jugés par une sorte de tribunal, dont elle détermina l'organisation.

Un grand nombre de lois suivirent qui, à l'exemple de la loi Calpurnia, établirent des commissions pour juger les crimes de brigue, de péculat, de lèse-nation, de plagiat, de faux, de meurtre.

Ces lois ne furent pas seulement des lois de procédure ; elles furent aussi des lois pénales ; elles indiquaient les faits qualifiés crimes et édictaient les peines à appliquer.

L'organisation des commissions et la procédure suivie devant chacune d'elles varièrent selon les lois qui les avaient créées; cependant elles eurent toutes un fonds commun.

Toute commission était composée de jurés qui prononçaient sur la culpabilité ou l'innocence de l'accusé et présidée par un préteur qui dirigeait les débats. L'histoire de la République est remplie par le récit des luttes sanglantes que se livrèrent les diverses classes de la société romaine pour obtenir le droit de rendre la justice. A la fin de la République ce droit appartenait concurremment aux sénateurs, aux chevaliers et aux tribuns du trésor. Ceux-ci n'étaient pas des fonctionnaires, comme leur nom pourrait le faire croire, mais simplement des citoyens payant un cens élevé.

Tout citoyen pouvait accuser devant les *quæstiones perpetuæ*.

Le premier acte de la procédure était la *postulatio*, c'est-à-dire, l'acte par lequel l'accusateur sollicitait du magistrat l'autorisation de procéder aux actes d'instruction et prêtait serment de soutenir l'accusation jusqu'au jugement.

Si plusieurs accusateurs se présentaient, il y avait lieu de faire un choix (*divinatio*) et de désigner l'accusateur en titre; la commission était chargée de ce soin.

Ces formalités préliminaires accomplies, l'accusateur procédait à la *nominis delatio* c'est-à-dire qu'il désignait la personne accusée, et qualifiait le crime reproché. — L'accusé comparaissait alors et subissait un interrogatoire (*interrogatio*) dont l'objet était non pas de procurer la découverte de la vérité, mais de préciser et de fixer les vraies questions du procès, questions dont il n'était pas permis à l'accusateur de s'écarter. Pour assurer la garantie de cette obligation procès-verbal (*inscriptio*) était dressé et signé par l'accusateur.

Le préteur déclarait alors qu'il y avait accusation portée contre telle personne. La cause était inscrite sur les registres du tribunal avec les noms de l'accusateur et de l'accusé ; et, cela fait (*nomine recepto*) le préteur fixait le jour du débat (*diem dicebat*) L'ajournement devait être assez éloigné pour qu'il fût possible à l'accusateur de rassembler ses preuves et à l'accusé de préparer sa défense.

A l'accusateur appartenait le soin de faire toute l'instruction ; à cet effet, il lui était délivré par le préteur une commission (*lex*), en vertu de laquelle il était revêtu d'une partie de la puissance publique ; il saisissait les pièces de conviction et faisait comparaître devant lui les témoins. Mais tous ses actes étaient contrôlés par l'accusé, qui avait le droit d'être présent à toutes les enquêtes.

Au jour fixé par le préteur, l'huissier appelait la cause. Si l'accusateur ne se présentait pas, l'affaire était rayée du rôle. Si l'accusé faisait défaut, on n'en passait pas moins au jugement.

Le premier acte de l'audience c'était la formation du jury. Les jurés étaient ordinairement désignés par la voie du sort (*sortitio*). Les parties pouvaient récuser les jurés sans donner de motifs. Un second tirage au sort (*subsortitio*) désignait les jurés remplaçant les jurés récusés. Devant quelques *quæstiones* on suivit un autre mode de procédure : l'accusateur proposait (*edebat*) un certain nombre de jurés; l'accusateur en proposait un nombre égal; le chiffre total des jurés proposés par les parties devait être double du chiffre des jurés nécessaires pour rendre la sentence. — Chacune des parties récusait la moitié des jurés proposés par l'autre.

Le jury constitué, l'accusateur prenait le premier la parole et développait son accusation. L'accusé ou son défenseur répondait. Il n'était pas permis de faire entendre une réplique et une duplique. Mais les parties se posaient des questions et se livraient à une discussion en forme de dialogue (*altercatio*).

Après les plaidoiries, on procédait à l'audition des témoins. Ceux-ci étaient interrogés non par le magistrat mais par les parties.

Les débats terminés, trois tablettes étaient remises à chaque juré; l'une portait la lettre *a* (*absolvo*), la deuxième la lettre *c* (*condemno*) la troisième les lettres *n l* (*non liquet*).

Quand l'affaire se terminait par une sentence de *non liquet*, c'est-à-dire quand les jurés avaient déclaré qu'ils n'étaient pas assez éclairés, il y avait lieu à une procédure de plus ample informé (*ampliatio*) et les débats recommençaient.

Les décisions rendues par les *quæstiones per-petuæ* n'étaient pas susceptibles d'appel. En effet, la *quæstio* était la représentation du peuple même; et d'ailleurs ces tribunaux avaient été institués précisément parce que l'administration de la justice par les comices était devenue presque impossible à cause du développement de la population et du nombre considérable des crimes.

Voilà quelles étaient, dans les dernières années de la République, les juridictions chargées de rendre la justice criminelle et la procédure suivie devant elles.

PREMIÈRE PARTIE

DES TRIBUNAUX CRIMINELS.

CHAPITRE PREMIER.

DE LA CHUTE DES « QUÆSTIONES PERPETUÆ » ET DE LEUR REMPLACEMENT PAR DES JURIDICTIONS NOUVELLES.

I. La révolution qui substitua l'Empire à la République amena un changement dans l'organisation judiciaire. — II. La juridiction des *quœstiones* avait-elle rendue une bonne justice ? — Les *quœstiones perpetuœ* ont survécu quelque temps à la République ; elles ont duré jusqu'à la fin du Ier siècle de l'Empire.

I. — La constitution politique a toujours une grande influence sur l'organisation des tribunaux répressifs. On ne saurait donc s'étonner que la révolution qui substitua l'Empire à la République ait eu pour conséquence la ruine de la juridiction des *quæstiones perpetuæ*.

« Cette juridiction, dit M. de Valroger, avait été
« frappée dans son principe par la révolution qui
« renversa la République. L'institution du jury
« avait reposé sur l'idée que la juridiction criminelle
« appartenait au peuple et devait être exercée par
« lui-même, ou en vertu de sa délégation par un
« jury qui serait à son image ; le caractère actuel
« de la constitution conduisait au contraire à faire

« découler la justice criminelle de celui sur qui re-
« posait tout l'ordre de l'Empire (1). »

Il est vrai que le changement n'eut pas lieu tout
d'un coup, et ce serait une erreur de croire que l'on
vit, immédiatement après qu'Auguste eut concentré
dans ses mains tous les pouvoirs, une organisation
judiciaire nouvelle remplacer l'organisation ancienne.

D'ailleurs les choses se passèrent de même dans
l'ordre politique et le changement de la constitution
républicaine en une constitution monarchique ne se
fit pas en un jour. Voici comment M. Laboulaye s'exprime à ce sujet : « Avec Auguste la constitution
« changea..... Mais il ne faut pas croire que ce chan-
« gement fut subit ; et, parce que, à dater de cette
« époque, le nom d'Empire se substitue dans nos
« histoires à celui de République, il ne faut pas nous
« imaginer qu'une révolution complète se fit tout
« d'un coup dans les institutions..... Sous Auguste
« et ses premiers successeurs la constitution fut ré-
« publicaine..... Les institutions républicaines sont
« toutes restées debout ; seulement au milieu d'elles
« se développe un élément nouveau qui doit tôt ou
« tard les détruire (2). »

---

(1) M. de Valroger, *Esquisse du droit criminel des Romains.*
(*Revue Critique*, année 1860, 1er semestre, p. 375.)

(2) M. Laboulaye, *Essai sur les lois criminelles des Romains
concernant la responsabilité des magistrats*, (Paris, 1845), p. 385.
— Comp. M. Willems, *Le droit public romain depuis la fondation
de Rome jusqu'à Justinien*, (4e édition. Louvain, 1880), p. 420.

II. — Cette république n'était pas digne de regrets ;
elle avait toujours été « une république d'aristo-
« cratie, d'inégalités et d'esclavage ; ce ne sont pas
« là celles qui doivent durer (1). » Mais ne convient-il
pas d'admirer au moment où elle va disparaître
cette organisation judiciaire de la République, qui
semble s'être inspirée des principes les plus libé-
raux et les plus humains ? Si séduisant que paraisse
le principe du droit d'accusation conféré à chaque
citoyen (2), si véritablement admirables que soient
les principes de la publicité des débats, de la participation des citoyens aux jugements, de la défense
pleinement libre et par conséquent de l'instruction
pleinement publique, l'administration de la justice
fut néanmoins entachée à Rome, surtout vers la
fin de la République, des vices les plus graves.

La justice devant les *quæstiones* avait été de
tout temps une justice politique ; à cette époque, elle
devient de plus une justice vénale.

La plupart des commissions avaient été instituées
pour juger des matières politiques.

De plus « le droit de siéger aux jugements n'appar-
« tenait pas à tous les citoyens. Ce droit, objet de tant
« de luttes et de combats, constituait pour la classe
« qui le possédait non seulement un privilège, mais

---

(1) M. Ortolan, *Histoire et généralisation du droit romain.*

(2) *Voy. sur les dangers que présente le système de l'accusation populaire, infra,* IIe partie, Ch. I.

« une sorte de propriété. Il était naturel que cette
« classe, envahissante comme tous les ordres privilé-
« giés, cherchât à faire servir son pouvoir judiciaire
« à l'accroissement de ses richesses et de sa puis-
« sance. Ensuite, entre ces juges puisés dans la même
« classe et que des intérêts identiques liaient entre
« eux une sorte de complicité devait s'établir, qui les
« portait à se soutenir les uns les autres et à exploi-
« ter en commun la distribution de la justice (1). »

Si les ordres privilégiés qui constituaient le jury
étaient très jaloux de leur droit de rendre la justice
en matière politique, droit qui leur permettait d'op-
primer ainsi leurs adversaires vaincus, ils étaient
beaucoup moins curieux de juger les délits de droit
commun. Eussent-ils d'ailleurs mis tout leur zèle
au jugement de ces délits, un grand nombre leur
échappait forcément. Car, bien que les lois ne se
fussent pas bornées à créer des commissions pour
juger les délits politiques, cependant un grand nombre de délits de droit commun n'étaient l'objet d'aucune répression pénale. C'est ainsi que le vol, délit
extrêment fréquent, et l'injure, infraction très com-
préhensive qui embrassait les simples paroles bles-
santes et les blessures les plus graves, ne pouvaient
être l'objet que d'une action civile.

III. — Les empereurs s'emparèrent peu à peu de la

---

(1) M. Faustin-Hélie, *Traité de l'instruction criminelle*, Liv. I,
Ch. IV, n° 58.

juridiction criminelle. Ils attribuèrent au Sénat la plupart des délits politiques, jugés par les *quæstiones*. En même temps ils créèrent des fonctionnaires qui furent chargés de connaître des affaires pour lesquelles aucune *quæstio perpetua* n'était instituée.

Les nouveaux tribunaux ne se contentèrent pas longtemps de cette compétence restreinte.

Ils empiétèrent bientôt sur le domaine des *quæstiones*. Ils y étaient encouragés par les empereurs et ne trouvaient d'ailleurs pas d'opposition parmi les citoyens, pour qui le droit de faire partie du jury n'était plus considéré que comme une charge lourde et sans honneur.

Enfin les *quæstiones perpetuæ* disparurent absolument, sans qu'on puisse assigner une date précise à cette disparition.

Mais s'il est impossible de fixer une date précise, on peut du moins fixer une date approximative, et cette date c'est, je le crois du moins, les dernières années du Ier siècle (1).

---

(1) *Sic*, M. de Valroger, (*loc. cit*). Voy. dans le même sens M. Geib, *Geschichte des rœmischen Criminalprocesses bis zum Tode Justinians*. Berlin, 1842, p. 396. — Le titre même de cet ouvrage indique combien le sujet en est important et considérable. Bien que des travaux récents et le goût chaque jour grandissant des études épigraphiques aient amené des découvertes nouvelles sur le droit public des Romains, on peut dire que le livre de M. Geib n'a pas vieilli, d'abord parce qu'il est à peu près le seul qui ait étudié dans son ensemble la procédure criminelle et aussi parce qu'en ce qui concerne les institutions, les découvertes récentes n'ont guère fait que confirmer la plupart des propositions avancées par l'auteur.]

Cependant cette opinion n'est pas admise par tout le monde : la question a été l'objet d'une importante controverse entre les savants allemands et a donné lieu à plusieurs solutions :

J'écarte tout d'abord deux systèmes fort originaux mais bien peu vraisemblables : suivant le premier de ces systèmes, la juridiction des *quæstiones perpetuæ* a disparu dès le règne d'Auguste ; suivant le deuxième au contraire, c'est dans les premiers temps de l'Empire, sous le règne d'Auguste et de ses successeurs, que cette juridiction a pris son plus grand essor, et ce n'est que dans le courant du IIIᵉ siècle qu'elle a disparu.

Prétendre que les *quæstiones* ont cessé d'exister dès Auguste c'est se mettre en contradiction formelle avec l'histoire qui nous montre non seulement sous le règne de ce prince mais aussi sous le règne de ses successeurs, un grand nombre d'affaires criminelles, jugées encore par les *quæstiones* (1).

Si l'on soutient au contraire que les *quæstiones* ont atteint leur apogée dans les premiers temps de l'Empire comment conciliera-t-on cette idée avec le fait que, dès le règne d'Auguste, ainsi que je viens de dire et comme je le montrerai en détail plus bas (2), se développèrent d'une part la juridiction du

---

(1) Suétone, *Aug.* 56 ; *Tib.* 8, 33, 68 ; — Tacite, *Ann.* I, 72, 75 ; II, 79, VI, 16 ; XIV, 41.

(2) Voy, *infra*, Iʳᵉ part., Ch. II.

Sénat et du prince et d'autre part la juridiction du préfet de la ville.

J'arrive à l'examen d'une opinion, qui a trouvé un grand nombre de défenseurs : La juridiction des *quæstiones*, a-t-on dit, subsista jusqu'au commencement du IIIe siècle ; c'est seulement sous le règne de Caracalla qu'elle disparut (1). On a invoqué à l'appui de cette opinion deux textes du Digeste qui me paraissent l'un et l'autre peu concluants. Le premier de ces textes est un fragment de Paul ainsi conçu : « Ordo exercendorum publicorum capitalium in usu « esse desiit (2). » — Or que dit le jurisconsulte? Uniquement ceci : L'ancien état de choses a cessé d'être en usage. Quant à la date exacte de cette disparition, il ne s'en occupe pas et c'est ajouter considérablement au texte que de dire : Cette date, c'est le temps qui précède immédiatement celui où Paul écrit. Le deuxième texte invoqué par les partisans de l'opinion que je réfute est de Marcien (3). Marcien y parle en même temps du *magistratus* et du *judex quæstionis*; la conclusion semble devoir être que, du temps de ce jurisconsulte c'est-à-dire au comcèment du IIIe siècle, il y avait encore des *quæstio-*

---

(1) Voy. en ce sens les autorités citées par M. Geib, *op. cit.*, p. 394, n. 1. — *Adde* M. Ed. Cuq, *Etudes d'épigraphie juridique*, Bibliothèque des écoles françaises de Rome et d'Athènes. Année 1881, fascicule 21, p. 116.

(2) ff. *De public. judic.* L. 8.

(3) ff. *Ad. leg. Cornel. de sicariis*, L. 1, § 1.

nes. Cet argument qui paraît très-sérieux au premier d'abord est renversé par l'observation suivante. Oui, dans le fragment cité de Marcien il est question à la fois du *judex quæstionis* et du *magistratus*. Mais pourquoi ? Parce que le jurisconsulte n'a fait que reproduire littéralement le texte de l'ancienne loi *Cornelia de sicariis*.

Je reviens à l'opinion que j'ai indiquée en commençant l'étude de cette question. Les *quæstiones* subsistèrent jusqu'à la fin du Ier siècle, au commencement du IIe siècle elles avaient complètement disparu. Ce système s'appuie sur les raisons suivantes :

Pendant tout le cours du Ier siècle, on trouve mentionnés dans les historiens des jugements rendus par les *quæstiones*. Plusieurs princes même se font honneur de poursuivre les crimes selon les anciennes formes (1). Au contraire il n'y a pas un seul exemple de pareils jugements au IIe siècle ; et si on étudie la correspondance de Pline, cette mine précieuse de renseignements sur tout ce qui concerne la procédure criminelle au temps des Antonins, on se convaincra, qu'à cette époque, la juridiction des anciens tribunaux de la République était tombée dans un complet oubli.

____

(1) Tacite, *Ann.* I, 72. — Suétone, *Aug.* 29, 51, 55; *Domit.* 8.

CHAPITRE II.

DES TRIBUNAUX CRIMINELS DE ROME.

SECTION PREMIÈRE.

Le Sénat.

I. Situation du Sénat sous les premiers empereurs. — II. Sa compétence en matière criminelle. — III. Elle s'étendait non-seulement aux crimes d'État, mais encore aux crimes ordinaires; opinion contraire de M. Walter. — IV. Déclin de la puissance judiciaire du Sénat. — V. De la procédure suivie devant le Sénat.

I. — Sous la République, le Sénat avait été quelquefois appelé à connaître des affaires criminelles, soit que le salut de l'État l'obligeât à se saisir d'office de certaines causes, soit qu'il jugeât en vertu d'une délégation expresse du peuple. — Sous l'Empire, une juridiction criminelle propre et indépendante lui fut reconnue. Il fut, en effet, conforme à la politique des premiers empereurs d'étendre les prérogatives d'un corps qu'ils tenaient absolument dans leurs mains et de faire prononcer les condamnations qu'ils souhaitaient par un tribunal dont ils feignaient de respecter la liberté. L'extension donnée par les premiers empereurs aux pouvoirs du Sénat, soit en matière législative soit en matière judiciaire, a donné lieu à cette opinion que, pendant les deux premiers siècles de l'Empire, la souveraineté était, sinon en droit du moins en fait, partagée entre l'empereur et le Sénat

2.

et qu'il y eut à cette époque non pas une monarchie mais une dyarchie (1).

II. — Bien que cette manière de voir ne soit pas absolument exacte, il n'est pas douteux que le Sénat eut, dès les premiers temps de l'Empire, une compétence criminelle importante.

D'abord, il eut la connaissance de tous les délits commis par les sénateurs, leurs femmes et leurs enfants (2).

Mais ce n'était là que la partie la moins considérable de ses attributions judiciaires criminelles; la plus importante résultait non pas de la qualité du délinquant, mais de la nature du délit.

Le Sénat en effet jugeait en concurrence avec le prince, tous les crimes ayant un caractère politique: C'est ainsi qu'il connaissait des crimes de lèse-majesté et de concussion. Sous l'expression de concussion on comprend tous les délits commis par les officiers publics dans l'exercice de leurs fonctions, et Tacite nous montre, sous le règne de Tibère, Lucilius Capito, procurateur d'Asie, accusé d'excès de pouvoir, jugé et condamné par le Sénat bien qu'il ne fût pas sénateur (3).

III. — Mais la compétence du Sénat ne se borna

---

(1) M. Willems, *op. cit.*, p. 448.
(2) ff. *De senator.*, L. 10.
(3) Tacite, *Ann.* IV, 15.

pas là; et l'on vit souvent ce corps juger des crimes non politiques (1).

M. Walter, sans nier le fait, affirme qu'il n'a pas l'importance qu'il paraît avoir au premier abord, que le Sénat n'a jamais eu de compétence propre que pour les crimes politiques, et que toutes les fois que ce corps jugea des crimes non politiques, il le fit en vertu d'une délégation spéciale du prince (2). Cette explication ingénieuse ne trouve aucun point d'appui dans les sources, et il est raisonnable de penser que, la puissance législative ayant, après l'établissement de l'Empire, par une sorte d'accord tacite passé du peuple au Sénat, celui-ci fut considéré comme ayant aussi succédé à la puissance criminelle des comices, jusqu'au jour où le triomphe de l'esprit monarchique fit considérer le pouvoir impérial comme la source de la justice. Telle est, l'opinion des auteurs qui ont écrit récemment sur la matière; pour eux la question ne semble même pas douteuse.

M. Willems en effet s'exprime ainsi : « Tandis que « sous la République, le Sénat avait été essentielle- « ment un corps consultatif assistant le pouvoir

---

(1) Sans doute la plupart des crimes déférés au Sénat furent des crimes de lèse-majesté. Mais il ne faut pas oublier que les empereurs, pour obtenir plus sûrement la condamnation de ceux qu'ils poursuivaient, compliquaient presque toutes les accusations d'une accusation de lèse-majesté.

(2) M. Walter, *Rechtsgeschichte*, p. 283.

— 24 —

« exécutif dans l'administration de l'État, sous l'Em-
« pire le Sénat hérite des attributions du peuple sou-
« verain et il devient pouvoir judiciaire, corps légis-
« latif et corps électoral (1). » M. Madvig dit de même :
« Bien qu'il ne soit fait mention d'aucune mesure,
« d'aucun acte spécial, attribuant la juridiction cri-
« minelle au Sénat, cette assemblée fonctionna sous
« Auguste dans quelques cas isolés comme tribunal
« criminel proprement dit ; à partir de Tibère, les
« exemples se multiplient et l'usage s'établit d'une
« manière définitive. Tous les droits du peuple ayant
« passé au Sénat, il devait tendre tout naturellement
« à élargir ses attributious dans ce domaine ; cette
« tendance fut favorisée par le mélange et la confu-
« sion des mesures de sûreté politiques avec le droit
« pénal judiciaire (2). »

Quoi qu'il en soit voici, en dehors de la concussion et de la lèse-majesté, les crimes que l'on trouve
mentionnés comme ayant été jugés par le Sénat :

Les séditions des villes alliées (3) ;

La trahison des alliés (4) ;

Les attentats contre le Sénat (5) ;

---

(1) M. Willems, *op. cit.*, p. 448.

(2) M. Madvig, Trad. Morel, *L'État romain, sa constitution et son administration,* (Paris. 1883), p. 297. — Voy. dans le même sens M. Geib, *op. cit.*, p. 415 ; M. Laboulaye, *op. cit.*, p. 427.

(3) Tacite, *Ann.* XIII, 48.

(4) Tacite, *Ann.* II, 67.

(5) Tacite, *Hist.* IV, 45.

Le meurtre, et particulièrement l'empoisonnement (1) ;

L'adultère (2) ;

L'inceste (3) ;

La violence (4) ;

Le faux (5) ;

La supposition d'enfant (6);

Le Sénat, je l'ai dit, partageait avec l'Empereur la connaissance des crimes d'Etat. Quant aux crimes non politiques il les jugea en concurrence d'abord avec les *quæstiones perpetuæ* et, dans la suite, avec le *præfectus urbi*.

IV. — Le rôle du Sénat en matière judiciaire ne fut pas de longue durée. Dès le règne d'Adrien, l'influence croissante du tribunal de l'Empereur et du *præfectus urbi* (7) lui avait enlevé toute importance. Dans le courant du IIIe siècle le Sénat n'a conservé de son ancienne puissance que la juridiction sur ses propres membres, juridiction qui lui fut même retirée par Constantin.

V. — Je dois dire un mot maintenant de la procé-

---

(1) Pline, *Epist.* VIII, 14 ; — Tacite, *Ann*. III, 10-15.

(2) Suétone, *Aug*. 5.

(3) Tacite, *Ann*. VI, 49.

(4) Suétone, *Tibère*, 30.

(5) Tacite, *Ann*. XIV, 40.

(6) Tacite, *Ann*. III, 22.

(7) Voy. *infr*., sect. II et III.

dure que suivait le Sénat, quand il jugeait une affaire criminelle.

Il est bien difficile de fixer d'une manière précise les règles de cette procédure. « Le Sénat, dit en effet « M. Laboulaye, ne voulut point s'assujettir aux « règles qui enfermaient le jury républicain dans le « cercle infranchissable d'une étroite légalité. En sa « qualité d'héritier de la souveraineté nationale, et « confondant, comme autrefois les comices, l'admi- « nistration et la juridiction, il se prétendit maître « absolu de l'instruction et de la peine (1). »

Le Sénat suivait donc la procédure qu'il lui plaisait, ou plutôt celle que le caprice du prince lui imposait.

En général cependant, voici dans quelles formes les procès criminels étaient jugés par le Sénat :

Le consul, président du Sénat, reçoit l'accusation (2);

L'accusateur et l'accusé comparaissent et plaident en personne ou se font représenter par des *patroni*.

Après les plaidoiries on passe à l'administration des preuves.

On le voit, c'était à peu près les mêmes formes que celles suivies devant les *quæstiones perpetuæ*. « Et cependant quelle différence, dit M. Laboulaye, « il n'y avait plus de liberté pour la défense, car la

______

(1) M. Laboulaye, *op. cit.* p. 420 et 421. — Comp. M. Madvig, *op. cit.*, p. 300.

(2) Tacite, *Ann.* II, 22.

« condamnation était écrite d'avance ; plus d'indé-
« pendance dans les témoignages, quand des prix
« récompensaient la calomnie et que la torture,
« l'exil, ou la mort punissait la vérité ; plus de pa-
« tronage possible, quand une même peine atten-
« dait le défenseur et l'accusé (1). »

Quant aux formes du jugement, c'était celles des
délibérations ordinaires.

« Un des sénateurs faisait une proposition ; d'autres
« collègues lui répondaient par des propositions con-
« traires et l'on votait par la forme de la division
« (*discessio*) à la simple majorité des voix. Quand il
« se trouvait plusieurs propositions en présence et
« qu'aucune d'elles n'obtenait la majorité absolue,
« on suivait des formes semblables à celles qui sont
« reçues dans nos assemblées législatives, et, les
« amendements éliminés, on ramenait le vote à une
« question unique (2). »

SECTION II.

L'Empereur et le Préfet du Prétoire.

I. Origine du droit de juridiction du prince. — II. Du *consilium principis* sous Auguste et ses successeurs (*amici, comites*). — III. Du *consilium principis* (*auditorium*) sous Adrien (*assessores, consiliarii*). — IV. Le préfet du prétoire.

I. — Si l'on se rappelle le caractère de la révolu-

___

(1) M. Laboulaye, *op. cit.* p. 441.

(2) M. Laboulaye, *op. cit.* p. 443. — Comp. M. Willems, *op. cit.* p. 446.

tion qui substitua l'Empire à la République, on ne s'étonnera pas que les empereurs aient eu, dès l'origine, la juridiction criminelle.

Auguste en effet, tout en conservant les formes républicaines, se fit attribuer tous les pouvoirs qui avaient jadis été partagés entre un grand nombre de magistrats et notamment la puissance tribunicienne.

Comme consul le prince présida le Sénat et exerça une influence décisive sur la sentence à rendre.

Comme proconsul (1), il se saisit d'office de tous les crimes qui menaçaient la sûreté de l'Etat.

Comme tribun il put arrêter à son gré toutes les procédures criminelles; « puis l'*intercessio* se transformant en droit de faire grâce et enfin en droit de « réformer la sentence, d'affaiblir ou d'aggraver la « peine (2), » l'empereur se trouva être juge d'appel de toutes les affaires criminelles.

Aucune règle ne limita l'étendue de la compétence judiciaire du prince. Quant à l'organisation du tribunal de l'empereur elle dépendit exclusivement du

---

(1) « C'était sous un nom ancien, un pouvoir nouveau et par « son étendue et par sa perpétuité. L'*imperium*, en effet, n'étant « plus renfermé dans les limites d'une province, donnait au prince « le commandement de toutes les armées, l'administration suprême « de l'Etat, et une juridiction criminelle illimitée non-seulement « sur les soldats et les provinciaux mais encore sur les citoyens et « sur les sénateurs mêmes, car le prince était *imperator* à Rome « aussi bien qu'au dehors. » M. Laboulaye, *op. cit.* p. 389.

(2) M. Laboulaye, *op. cit.* p. 429.

caprice de l'empereur, du moins jusqu'au règne d'Adrien.

Suétone nous montre ce qu'était la justice impériale sous Auguste (1).

« Ipse (Augustus) jus dixit assidue et in noctem
« nonnunquam; si parum corpore valeret, lectica
« pro tribunali collocata, vel domi cubans. Dixit
« autem jus non diligentia modo summa sed et leni-
« tate. Si quidem manifesti parricidii reum, ne culeo
« insueretur quod nonnisi confessi afficiuntur hac
« pœna, ita fertur interrogasse : Certe patrem tuum
« non occidisti. »

On le voit, le prince, quand il rend la justice, est libre de choisir son heure; il peut juger la nuit (*in noctem nonnunquam*). S'il lui plaît, c'est dans le palais même (*domi*) qu'auront lieu les débats. C'est lui qui fait subir l'interrogatoire aux accusés, et cet interrogatoire il le conduit à sa guise.

Et Suétone continue : « Et quum de falso testa-
« mento ageretur, omnesque signatores lege Corne-
« lia tenerentur, non tantum duas tabellas, dam-
« natoriam et absolutoriam, simul cognoscentibus
« dedit, sed tertiam quoque, qua ignosceretur iis
« quos fraude ad signandum vel errore inductos
« constitisset. »

Ici, le prince n'est plus seul : il est entouré d'asses-seurs (*simul cognoscentes*). Il s'agit d'un faux testa-

***

(1) Suétone, *Aug*. 33.

ment ; la loi Cornelia est formelle : tous ceux qui l'ont signé doivent être condamnés. Mais Auguste, de sa propre autorité, crée une sorte d'excuse légale (1).

La toute-puissance de l'empereur en matière pénale pouvait ne présenter que de médiocres dangers sous un prince jaloux de se faire aimer. Mais elle devait amener de déplorables effets sous des tyrans tels que Claude ou que Caligula.

II. — Il est difficile, on vient de le voir, de marquer d'un trait précis la composition et la compétence du conseil du prince sous les premiers empereurs. Voici, en résumé, ce que dit sur ce sujet M. Madvig : « Les « restrictions apportées à la puissance du Sénat tant « en matière judiciaire qu'en matière législative et « administrative marchent de pair avec la formation « autour de la personne de l'empereur d'un conseil « plus intime et plus restreint qui tend de plus en « plus à se substituer au Sénat...... Auguste, avait « institué une sorte de comité composé des consuls, « d'un magistrat de chacune des autres catégories et « de quinze sénateurs tirés au sort. Plus tard, en « l'an XIII ap. J.-C., étant fort avancé en âge, il de- « manda au Sénat de lui désigner vingt de ses mem- « bres, et il fut convenu que les décisions prises « entre eux, avec l'adjonction de Tibère, des consuls

____

(1) Voy. sur le développement progressif de la juridiction impériale M. Ed. Cuq, *op. cit.* p. 81 et suiv.

« en charge et de tous ceux qu'il plairait à l'empe-
« reur de nommer, auraient la même valeur
« que si elles eussent été adoptées par le Sénat
« entier (1). » Ce conseil subsiste sous les empereurs
suivants; son influence est plus ou moins grande
selon le caractère du prince. — On donne aux membres du conseil les noms de « *amici* » ou « *comites* ».
Le conseil s'occupe de toutes les questions législatives
et administratives; mais sa fonction la plus importante est d'assister le prince dans l'exercice de la juridiction civile et criminelle (2).

III. — Il n'y eut donc, quant au mode de recrutement et aux attributions du conseil du prince, aucune
règle fixe jusqu'au règne d'Adrien. Ce prince qui fut
le véritable créateur des rouages de la monarchie, fit
du conseil du prince une machine merveilleusement
organisée pour centraliser entre les mains de l'empereur toutes les affaires politiques, administratives
et judiciaires de l'État. Au-dessus des bureaux (3), au-
dessus des *magistri* ou ministres dirigeant les bureaux, l'empereur eut désormais à côté de lui un corps
permanent, à la fois Conseil d'État et Cour suprême.

---

(1) M. Madvig, *op. cit.* T, II, p. 300 et suiv.

(2) M. Madvig, *loc. cit.*

(3) Le bureau *a cognitionibus* était spécialement chargé de faire
des enquêtes et de donner à l'empereur toutes les informations dont
il avait besoin pour le jugement des causes. Sur l'origine et les attributions du bureau *a cognitionibus*, voy. M. Ed. Cuq, *op. cit.* p. 85,
93, 121, 127 et 134.

Sans doute, le recrutement de ce conseil appartient toujours exclusivement au prince, mais le Conseil est, je le répète, un corps permanent; « Honor « delatus, dit Ulpien, finem certi temporis ac loci « non habet (1); » et l'empereur s'interdit à lui-même de juger sans l'assistance de ses conseillers.

M. de Valroger pense que le *consilium principis* se divisait en deux sections et que l'une, l'*auditorium*, était un conseil de justice, tandis que l'autre (2), le *consistorium*, était un conseil d'administration. Mais cette opinion ne semble pas exacte, et il ne paraît y avoir eu entre le *consistorium* et l'*auditorium* d'autre différence que celle de la dénomination. L'expression *auditorium* fut d'abord employée, puis fut remplacée au IVe siècle par l'expression *consistorium* (3). Les membres du *consilium principis* furent désormais de véritables fonctionnaires impériaux. Ils sont recrutés parmi les sénateurs et les chevaliers; le préfet du prétoire et les chefs de la chancellerie impériale sont membres de droit (4).

Tous les membres du conseil n'assistent pas au jugement de chaque cause, mais seulement ceux que l'Empereur convoque spécialement. — L'Empereur préside et formule les questions; depuis la fin

---

(1) ff. *De excusat.*, L. 39, pr.
(2) M. de Valroger, à son cours.
(3) *Sic*, M. Madvig, *op. cit.*, T. II, p. 304.
(4) Voy. M. Mispoulet, *Institutions romaines*, Paris, 1882, p. 282.

du IIe siècle, il se fait assister dans la présidence par le préfet du prétoire (1).

Quoique composé de membres permanents le *consilium* d'Adrien et de ses successeurs ne fut pas à proprement parler une cour de justice, et on ne saurait sans inexactitude le comparer à nos tribunaux actuels.

L'organisation donnée par Adrien au tribunal de l'empereur fut respectée par ses successeurs. Mais les restrictions apportées à la toute-puissance impériale en matière judiciaire résultaient uniquement du bon vouloir du prince, et un caprice eût pu changer ce qu'un caprice avait établi.

D'ailleurs ces restrictions étaient plus apparentes que réelles. S'il est probable en effet que les empereurs durent souvent se ranger à l'avis de leurs conseillers, surtout lorsqu'au nombre de ceux-ci figurait un Papinien ou un Ulpien, et que d'ailleurs leur intérêt personnel n'était pas en jeu, il n'en est pas moins vrai qu'ils étaient en droit maîtres absolus de la sentence (2), et ce serait une erreur de croire que le jugement était rendu à la majorité des voix, et que l'empereur devait s'incliner quand la majorité avait prononcé (3).

---

(1) M. Willems, *op. cit.*, p. 469.

(2) Voy. M. Willems, *loc. cit.*

(3) M. Geib, *op. cit.*, p. 446; — *Sic*, M. Serrigny, *Droit public et administratif des Romains*, n° 70. — Ce que je dis des assesseurs du prince s'applique aux assesseurs de tous les magistrats chargés sous l'Empire de rendre la justice criminelle.

Ce qui me détermine à penser ainsi, c'est d'abord le nom même donné aux membres du tribunal de l'empereur : l'expression employée pour les désigner (*assessores*, *consiliarii*) semble bien indiquer que leur seul droit était de donner un avis, un conseil ; c'est encore et surtout que la règle contraire, outre qu'elle eût porté atteinte au principe monarchique complètement établi à l'époque d'Adrien (1), eût été en opposition avec l'origine même de l'institution. En effet les assesseurs du prince devaient été créés à l'imitation des assesseurs des gouverneurs de province au temps de la République, et il est certain que ceux-ci n'avaient pas voix délibérative. Les textes confirment d'ailleurs cette manière de voir ; et, partout où il est question du jugement, les jurisconsultes parlent non pas de plusieurs juges, mais d'un juge unique (2).

Enfin je dois mentionner la considération suivante. M. Serrigny cite un passage d'Ammien Marcellin, où il est dit que les assesseurs étaient placés derrière le dos du juge, et il en conclut que des personnages, relégués à une pareille place, ne pouvaient certainement pas avoir une influence décisive sur la sentence (3). J'avoue que cette considération, si elle n'était pas appuyée par d'autres arguments, me semblerait insuffisante pour fonder

---

(1) Voyez *supr.*, 1re part., ch. II, sect. I.

(2) ff. *Ad Sen.-Cons. Turpillianum*, L. 1, §§ 3 et 10 ; — *De quæstion.*, L. 1, §§ 16 et 17.

(3) M. Serrigny, *loc. cit.*

un système soit dans un sens soit dans l'autre (1).

IV. — La juridiction du tribunal de l'Empereur joua un rôle très important depuis Adrien jusqu'à la mort d'Alexandre Sévère ; elle s'effaça alors devant la juridiction du tribunal du préfet du prétoire.

Magistrature créée par Auguste, la préfecture du prétoire ne fut à l'origine que le commandement en chef de la garde prétorienne.

Mais le préfet du prétoire ne tarda pas à étendre ses pouvoirs : il attira successivement entre ses mains l'administration militaire, l'administration civile, la justice criminelle.

Dès le règne d'Adrien, le préfet du prétoire avait la juridiction civile.

Quant à la juridiction criminelle plusieurs préfets du prétoire, il est vrai, et notamment Perennis sous Commode, furent si puissants qu'ils jugeaient au même titre que l'empereur toutes les affaires criminelles. Néanmoins ce n'était là que des empiètements de fait (2).

Alexandre Sévère au contraire donna au préfet du prétoire la juridiction criminelle (3). Mais c'est surtout dans les cinquante années d'anarchie qui vont

---

(1) Souvent l'empereur déléguait la connaissance de l'affaire à des *cognoscentes* ou *judicantes*, chargés de statuer *vice sua*. (Voy. M. Éd. Cuq, *op. cit.*, p. 98).

(2) V. M. Geib, *op. cit.*, p. 433.

(3) Paul, *Rec. sent.* V, XII, 6.—C. *De loc. et conduct.*, L. 4.

de la mort d'Alexandre Sévère à l'avénement de Dioclétien que le pouvoir de ce haut fonctionnaire atteignit son apogée. Pendant cette période de l'histoire romaine, les empereurs se succèdent sur le trône avec une incroyable rapidité et ne sont que des jouets entre les mains des préfets du prétoire, qui, véritables souverains de fait, sont les maîtres de la juridiction criminelle comme de toutes les autres parties de l'administration et de la justice.

SECTION III.

Le préfet de la ville (1).

I. Tacite pense que cette institution a son origine dans la magistrature du même nom qui avait existé sous la Royauté et sous la République, MM. Marquardt et Mommsen repoussent avec raison cette manière de voir. — II. Importance du *præfectus urbi* sous l'Empire. — III. Fonctions judiciaires du préfet de la ville à l'époque des jurisconsultes classiques. — IV. Quelles peines le préfet de la ville pouvait-il prononcer ? — V. La juridiction du préfet de la ville n'était pas bornée à Rome. — VI. Les assesseurs du préfet de la ville.

I. — On lit dans Tacite : « Autrefois, quand les « rois, et, après eux, les magistrats s'éloignaient de la « ville, afin qu'elle ne restât point livrée à l'anar- « chie, un homme choisi pour le temps de leur « absence était chargé de rendre la justice et de

____

(1) Le préfet de la ville eut un substitut, le *vicarius urbis*. Mais ce fonctionnaire est mentionné pour la première fois au temps de Constantin ; je n'ai donc pas à m'en occuper.

« pourvoir aux besoins imprévus (1). » Tacite ajoute qu'Auguste, sur le conseil de Mécène, remit cette institution en vigueur et que, « considérant la gran-
« deur de la population, la lenteur des secours qu'on
« trouve dans les lois, il chargea un consulaire de
« contenir les esclaves et cette partie du peuple dont
« l'esprit remuant et audacieux ne connaît d'autre
« frein que la crainte (2). »

On le voit, selon l'historien latin, la préfecture de la ville n'est autre chose sous l'Empire que la préfecture de la ville sous la Royauté; il y a eu simplement renaissance d'une ancienne institution.

Cette idée n'est pas fondée et l'on en sentira l'inexactitude si l'on veut bien s'arrêter aux considérations suivantes : Un magistrat fut créé dès les premiers temps de la Royauté sous le nom de *præfectus urbi*, cela est exact. Mais le nom de « *præfectus* » qui lui fut donné indique manifestement que ce magistrat n'avait pas de pouvoir propre et spécial mais était un simple substitut. Le « *præfectus urbi* » était en effet le substitut du Roi; il recevait mandat de veiller à la tranquillité de Rome, quand le Roi était forcé de s'absenter.

On comprend que ce mandat, fréquemment exercé quand tous les pouvoirs se trouvaient réunis sur la

----

(1) Tacite, *Ann.*, VI, 11, trad. Burnouf.

(2) MM. Marquardt et Mommsen, *Handbuch der rœmischen Alter-thümer*, Berlin, 1873, t. I, p. 166.

seule tête du Roi, dut devenir extrêmement rare quand, après la proclamation de la République, la souveraineté fut partagée entre un grand nombre de magistratures. Cependant il pouvait encore arriver que tous les magistrats fussent appelés ensemble hors de Rome; c'est ce qui arrivait au moment des grandes fêtes latines; on était alors obligé de nommer un « *præfectus urbi feriarum latinarum causa* ». Mais les fonctions de ce magistrat étaient, on le voit, des fonctions tout à fait extraordinaires et d'une durée très-limitée (1).

César étant dictateur, nomma des « *præfecti urbi* » pour le temps de son absence. Ces magistrats avaient absolument le même caractère que les « *præfecti* » des époques antérieures.

Au contraire lorsqu'Auguste nomma un « *præfectus urbi* » il lui conféra des pouvoirs qu'il devait exercer comme les autres fonctionnaires impériaux, pendant un temps indéterminé, et aussi bien en cas de présence qu'en cas d'absence de l'Empereur. — Le « *præfectus urbi* » de l'Empire n'a donc de commun que le nom avec le « *præfectus urbi* » de la Royauté et de la République. — D'ailleurs, ce qui achève d'établir cette opinion, c'est que l'ancien titre de «*præfectus feriarum latinarum* » continua à subsister. Ce titre était attribué à de tout jeunes gens (2).

---

(1) MM. Marquardt et Mommsen, *op. cit.*, t. I, p. 169.
(2) MM. Marquardt et Mommsen, *loc. cit.*

II. — L'importance de la « *præfectura urbi* » fut très-considérable dès les premiers temps de l'Empire. M. Serrigny, dont l'esprit ingénieux se plaît à trouver des analogies entre les institutions du passé et les institutions actuelles, compare le préfet de la ville de Rome au préfet de la Seine dans la France contemporaine. — Mais, outre qu'il avait des attributions qui chez nous appartiennent au préfet de police, le préfet de la ville de Rome était, M. Serrigny est obligé de le reconnaître, « dans une position « infiniment plus relevée que le préfet de la Seine « sous un triple rapport : 1° en ce qu'il réunissait à « ses pouvoirs administratifs des fonctions judiciaires « très-importantes ; 2° en ce qu'il relevait directe- « ment de l'Empereur sans avoir, comme intermé- « diaire, un ministre entre lui et le chef de l'État ; « 3° en ce qu'il était le chef du Sénat et le juge des « sénateurs (1). »

L'analogie indiquée par M. Serrigny n'est donc pas très exacte.

III. — Je n'ai pas à m'occuper des attributions po-

----

(1) M. Serrigny, *op. cit.*, n° 292. — M. Serrigny dit que le préfet de la ville était le juge des sénateurs. J'ai dit plus haut que les délits des sénateurs étaient jugés par le Sénat lui-même. Y a-t-il contradiction entre ces deux affirmations ? Non. Jusqu'au règne de Constantin le Sénat jugea les sénateurs. A partir de Constantin ce fut le préfet de la ville. Il n'est pas question de cette compétence du préfet de la ville dans les jurisconsultes classiques. C'est seulement au Code théodosien qu'il en est fait mention.

litiques et administratives du préfet de la ville ; je dois m'en tenir à l'étude de ses fonctions judiciaires.

Ces fonctions modestes au début, alors que la juridiction des *quæstiones* gardait une certaine importance, prirent rapidement une très grande extension, et il semble (1) que, dès le règne de Néron, la juridiction du préfet de la ville est devenue la juridiction criminelle ordinaire, du moins en matière de crimes non politiques.

Ce qui est certain c'est que, au temps des jurisconsultes classiques, la compétence de ce magistrat en matière pénale est illimitée : « omnia omnino « crimina præfectura urbis sibi vindicavit (2). »

Après avoir posé ce principe, Ulpien mentionne spécialement, comme rentrant dans la compétence du préfet de la ville les crimes commis par les esclaves (3) et le crime d'association illicite (4) ; ce qui prouve qu'on se souvenait encore à cette époque du but qu'avait visé Auguste en créant cette magistrature.

IV. — Le préfet de la ville ayant la connaissance de presque tous les crimes, devait en conséquence avoir le droit de prononcer presque toutes les peines,

---

(1) Tacite, *Ann.* XIV, 41.—Voy. MM. Marquardt et Mommsen, *op. cit.*, t. I, p. 173.

(2) ff. *De offic. præf. urbi.*, l. 1 pr.

(3) *Eod. tit.* l. 1, §§ 1, 5, 8 et 10.

(4) *Eod. tit.*, l. 1, § 14.

même les plus graves. Il n'est pas douteux que ce magistrat pouvait prononcer la relégation et la déportation. S'il rendait un jugement portant peine de la déportation, ce jugement faisait même perdre immédiatement au condamné ses droits de cité, tandis que la même condamnation, émanée de tout autre magistrat, ne pouvait produire le même effet avant l'approbation du prince (1).

M. Geib affirme que le préfet de la ville pouvait aussi infliger la peine de mort (2). Aucun des textes auxquels renvoie M. Geib ne fait mention de cette peine. Doit-on en conclure que l'opinion du savant auteur allemand est erronée ? Je n'ose aller jusque-là. Les présidents de province, dont les pouvoirs étaient moins étendus que ceux du *præfectus urbi* puisque la condamnation à la déportation, prononcée par eux, n'entraînait la perte des droits de cité que lorsqu'elle avait été ratifiée par l'empereur, les présidents de province pouvaient infliger la peine de

---

(1) ff. *De pœn.*, 1. 2, § 1 ; *De legat. et fideicomm.*, 1. 1, § 4.

(2) M. Geib (*op. cit.* p. 440) après avoir dit que le préfet de la ville pouvait infliger toutes les peines et notamment la peine de mort, renvoie aux textes suivants : ff. *De offic. præf. urb.*, 1. 1, §§ 3 et 13 ; *De legat.*, l. 1, § 4 ; *De pœn.*, l. 2, § 1, l. 8, § 5 ; *De interdict. et releg.*, 1. 6, § 1 ; *De pollicit.*, l. 8. — Or, le premier de ces textes parle de la peine de la relégation et de la déportation ; le deuxième de l'interdiction de résider dans certains lieux et de la privation de certains droits civils ; le troisième et le quatrième de la déportation ; le cinquième de la peine des mines ; le sixième de la déportation dans une île ; le septième de la relégation. Aucun ne fait mention de la peine de mort.

mort (1). Il est donc vraisemblable que le *præfectus urbi* le pouvait aussi. Il n'en est pas moins surprenant qu'une disposition formelle mentionne que les présidents ont le *jus gladii* alors que tous les textes sont muets sur le même droit attribué au *præfectus urbi*; et on pourrait peut-être expliquer que le *jus gladii* a été refusé à ce magistrat par cette considération, que, le *præfectus urbi* siégeant dans le voisinage de l'empereur, et celui-ci pouvant évoquer toutes les causes ou en déléguer la connaissance à qui bon lui semblait, il n'était pas absolument nécessaire de donner au préfet de la ville le droit de prononcer la peine de mort.

V. — La compétence du Préfet de la ville, ne s'étendait pas seulement sur la ville, mais encore sur un rayon de cent milles autour de Rome, c'est-à-dire sur la Tuscie, la Campanie, l'Ombrie et le Picénum (2).

VI. — Le Préfet de la ville, quand il rendait la justice, était nécessairement entouré d'un conseil.

Pour tout ce qui concerne le recrutement et les attributions de ce conseil je n'ai guère qu'à répéter ce que j'ai dit sur le conseil de l'empereur (3).

---

(1) ff. *De offic. præsid.*, l. 6, § 8; *De Pœn.*, l. 6, § 2.

(2) ff. *De off. præf. urb.*, l. 1, § 4. — Le mille romain correspond à 1481m,75.

(3) *Supr.*, 1re part., chap. II, sect. II.

A l'origine le Préfet de la ville composait son conseil d'une façon tout à fait arbitraire. — Plus tard, un peu d'ordre s'introduisit dans cette institution et les assesseurs (*assessores, consiliarii, comites*), formèrent un corps de fonctionnaires. Ils n'eurent d'ailleurs jamais voix consultative. Ils donnaient seulement un avis au magistrat. Il est probable cependant que, le nombre des crimes pour lesquels le préfet de la ville était compétent étant devenu extrêmement considérable, celui-ci dut souvent dans la pratique s'en remettre au jugement de ses assesseurs et ratifier purement et simplement ce qu'ils avaient décidé.

SECTION IV.

Le « præfectus vigilum ».

I. Origine de cette magistrature. — II. Sa compétence judiciaire.

I. — Auguste créa sept cohortes pour prévenir les incendies ou les combattre. Ces cohortes furent chargées en outre de maintenir l'ordre et d'arrêter ceux qui le troublaient. A leur tête fut placé un fonctionnaire, auquel on donna le nom de *præfectus vigilum* (1).

II. — Ce magistrat ne se contenta pas d'exercer

---

(1) ff. *De offic. præf. vigil.*, l. 1; l. 3 pr. — Voy. aussi Suétone, *Aug.*, 30.

des fonctions de police ; il s'attribua des fonctions judiciaires.

M. Serrigny compare le *præfectus vigilum* à notre préfet de police actuel (1). Je le comparerais plutôt aux prévôts de la maréchaussée de l'ancien droit français. Seulement, tandis que ces derniers ne jugeaient que des délits très-légers tels que le vagabondage ou les filouteries, le *præfectus vigilum* avait une compétence plus étendue. On lui attribua en effet la connaissance non seulement des vols simples et des vols commis par les esclaves chargés dans les bains de la garde des vêtements, mais encore des vols commis avec effraction (2).

Quant aux incendies, il paraît qu'on distinguait entre ceux allumés par imprudence et ceux allumés volontairement. Un rescrit de Septime Sévère et de Caracalla déclare en effet que le *præfectus vigilum* doit faire frapper de verges ceux qui ont mis le feu par imprudence, mais qu'il doit renvoyer devant le préfet de la ville ceux qui ont mis le feu volontairement (3).

D'ailleurs toutes les fois qu'il s'agissait d'un crime très grave (*atrox*) ou d'une personne de haut rang, c'était le préfet de la ville qui était compétent (4).

---

(1) M. Serrigny, *op. cit.*, n° 301.
(2) ff. *De offic. præf. vigil.*, l. 3, §§ 1 et 5.
(3) *Eod tit.*, l. 4.
(4) *Eod. tit.*, l. 3, § 1.

SECTION V.

La « præfectus annonæ ».

I. — L'origine de cette magistrature. — II. On ne possède que de
rares renseignements sur ses attributions judiciaires.

I. — Cette magistrature exista dès le règne d'Auguste (1); on retrouve ici la règle générale à Rome du cumul des fonctions administratives et judiciaires.

II. — D'abord simple intendant des distributions à faire au peuple le *præfectus annonæ* eut bientôt une juridiction pénale. Les renseignements sur l'étendue de cette juridiction sont assez rares. Cependant il est certain que le *præfectus annonæ* avait la connaissance de tous les crimes se rapportant à l'approvisionnement de Rome (2).

---

(1) Tacite, *Ann*, I, 7.
(2) ff. *De accus.*, l. 13; *Ad leg. Jul. de annon.*, l. 3, § 2.

CHAPITRE III.

DES TRIBUNAUX CRIMINELS DE L'ITALIE ET DES PROVINCES.

L'Italie eut toujours, pendant la période dont je m'occupe, une organisation distincte ; et, bien que dès Adrien la tendance ait été d'assimiler les diverses parties de l'Empire, cette assimilation ne fut complète que sous Dioclétien. — J'étudierai donc sous deux sections différentes l'organisation judiciaire de l'Italie et l'organisation judiciaire des provinces.

SECTION PREMIÈRE.

L'Italie.

I. — La justice municipale ; son importance, très grande sous la République, est considérablement restreinte sous l'Empire. — II. De l'organisation judiciaire donnée à l'Italie par Auguste, et par Adrien.

I. — Sous la République, la juridiction criminelle avait appartenu comme la juridiction civile aux magistrats municipaux (*duumviri juri dicundo.*) L'empire restreignit considérablement le rôle de ces magistrats. Aucune loi ne vint, à vrai dire, leur enlever brusquement leurs attributions judiciaires ; mais, à côté des justices municipales, s'établirent des fonctionnaires impériaux qui peu à peu attirèrent à eux toute la juridiction. Il est probable que la justice municipale avait perdu son importance dès le règne d'Auguste ou au moins dès le règne de ses successeurs immédiats (1).

II. — Auguste en effet partagea l'Italie en onze régions, non compris Rome et ce qu'on peut appeler le cercle de Rome. — La justice y était administrée par des commissaires extraordinaires (2) dont les attributions n'étaient probablement que mal déterminées mais dont la principale mission fut sans doute de dépouiller peu à peu, sans bruit et sans scandale, les magistrats municipaux de la portion la plus importante de leurs fonctions judiciaires (3).

Adrien donna à l'Italie une organisation qui est mieux connue. Il partagea toute l'Italie en quatre cercles, et plaça à la tête de chacun d'eux un « consulaire » qui eut à la fois la juridiction civile et criminelle (4).

Les « consulaires » ne restèrent en fonctions que de l'année 161 à l'année 169. A cette époque, ils furent remplacés par des *juridici*. Au point de vue spécial dont je m'occupe les *juridici* diffèrent des *consulares* en ce qu'ils n'ont pas la juridiction

---

(1) M. Geib, *op. cit.*, p. 463. — MM. Marquardt et Mommsen, t. IV, p. 68.

(2) MM. Marquardt et Mommsen, *loc. cit.*

(3) M. Geib, *loc. cit.*

(4) MM. Marquardt et Mommsen. *op. cit.*, t. IV, p. 73.

en matière criminelle ; la connaissance des crimes appartient dans un rayon de cent milles autour de Rome au *præfectus urbi* ; au-delà de ce rayon, au préfet du prétoire (1).

Au commencement du IIIe siècle, les *juridici* sont remplacés par des *correctores*. Ces magistrats eurent les mêmes pouvoirs que les gouverneurs de province ; ils ne diffèrent de ceux-ci que par le nom (2).

La limitation de la juridiction municipale devait être, je l'ai déjà indiqué tout à l'heure, la conséquence nécessaire et immédiate de la création des *consulares, juridici* et *correctores*. On comprend en effet que l'importance des autorités locales n'ait pu subsister lorsque ces autorités se trouvèrent en présence de fonctionnaires, représentants du pouvoir central (3).

De leur ancienne puissance judiciaire il ne resta aux magistrats municipaux que le droit de prononcer des amendes contre toute personne et des peines afflictives légères contre les esclaves seulement (4). Quant aux personnes coupables de crimes graves, les magistrats municipaux avaient le droit et le devoir de les arrêter et de les déférer au tribunal compétent (5).

_____

(1) MM. Marquardt et Mommsen, *loc. cit.*
(2) MM. Marquardt et Mommsen, *op. cit.*, t. IV, p. 78.
(3) MM. Marquardt et Mommsen, *op. cit.*, t. IV, p. 76.
(4) ff. *De jurisdict.*, l. 12 ; l. 15, § 39 ; *De injur.*, l, 17, § 2.
(5) ff. *De custod. reor.*, l. 10.

SECTION II.

Les provinces.

I. Provinces du Sénat et provinces de l'Empereur; cette distinction disparaît à l'époque classique. — II. Pouvoirs du gouverneur de province en matière pénale. — III. Magistrats municipaux; ils sont compétents pour juger les délits légers; cette institution exista-t-elle dans toutes les provinces? controverse. — IV. Situation particulière de la Judée. — V. Le citoyen romain accusé de crime pouvait récuser les juridictions provinciales.

I.—Auguste partagea les provinces entre le Sénat et le prince. Les provinces du Sénat étaient gouvernées par un proconsul ou un propréteur qui avait sous ses ordres un lieutenant; un questeur y était chargé de la perception des impôts. A la tête des provinces de l'empereur était un *legatus Cæsaris*, secondé lui-même par un lieutenant; un *procurator* y remplissait, sous un nom différent, les mêmes fonctions que le questeur dans les provinces du Sénat (1). Au temps des jurisconsultes classiques cette distinction avait disparu et il n'y avait plus que des provinces impériales avec un *præses* à leur tête.

---

(1) « Le prince envoyait également des *procuratores* dans les « provinces du Sénat, mais avec un pouvoir moindre, et seulement « pour surveiller les intérêts du fisc........ A l'origine, ces procura- « teurs n'avaient qu'une puissance fort limitée;...... mais, comme « tous les intendants, ils grandirent rapidement; .... l'on vit « souvent des procurateurs gouverner les provinces les moins consi- « dérables avec les pleins pouvoirs d'un préteur. C'est en cette qua- « lité que Ponce-Pilate administra la Judée. » (M. Laboulaye, *op. cit.*, p. 404).

II. — Le gouverneur de province (proconsul, propréteur, *legatus Cæsaris*, *præses*) réunit dans ses mains la justice civile et la justice criminelle.

Il doit connaître en personne des affaires criminelles et il ne lui est pas permis de transporter à son lieutenant, même par une commission formelle, ses pouvoirs en cette matière (1); il peut seulement charger celui-ci d'instruire l'affaire et de la mettre en état (2).

En principe, le gouverneur peut infliger toutes les peines, même la peine de mort (3).

Cependant il ne peut prononcer une condamnation à la déportation : s'il pense que l'accusé a mérité cette peine, il en écrit à l'Empereur, qui décide et fixe le lieu de la déportation (4). De même, il ne peut infliger la peine de la relégation, que sous la condition que le lieu de la relégation par lui fixé se trouve situé dans la province qu'il gouverne (5).

Ces restrictions formèrent-elles une véritable exception au principe que les gouverneurs de province pouvaient infliger toutes les peines ? Non ; seulement comme en dehors de la province qu'il était chargé d'administrer, le gouverneur perdait tout

---

(1) ff. *De off. ejus cui mandata est jurisdict.*, l. 1 ; *De reg. jur.*, l. 7.

(2) ff. *De off. proconsul*, l. 6.

(3) ff. *De off. præsid.*, l. 6, § 8 ; *De pœnis*, l. 6, § 2.

(4) ff. *De pœn.*, l. 2, § 1 ; *De interd. et releg.*, l. 6, § 1.

(5) ff. *De interdict. et releg.*, l. 7, §§ 1 et 6.

caractère officiel et n'avait pas plus de pouvoir qu'un simple particulier, il fallait nécessairement qu'il ne prononçât pas de peines qui auraient dû être subies en dehors de la province (1).

III. — Y eut-il dans les provinces des magistratures municipales semblables à ces magistratures des villes d'Italie, qui, très puissantes sous la République, perdirent peu à peu sous l'Empire leur ancienne importance, mais conservèrent cependant la connaissance des délits légers et eurent en outre des fonctions de police?

Avant de répondre à cette question, il est nécessaire de donner quelques explications générales et succinctes sur l'organisation municipale; la découverte en 1851 des tables de Malaga et de Salpensa a fourni de précieux éclaircissements sur cette matière.

A l'origine les colonies de Rome reçurent une organisation identique à l'organisation de la métropole. On trouvait donc dans les colonies l'assemblée du peuple, un sénat et des magistrats (dictateurs, préteurs ou consuls). Cette organisation, donnée aux villes d'Italie, fut ensuite étendue aux provinces (2). — Sous l'Empire, les dictateurs, préteurs ou consuls sont remplacés par les *duumviri juri dicundo* et les *duumviri ediliciæ potestatis*. Ces magistrats

---

(1) ff. *De off. proconsul.*, l. 1 ; *De off. præsid.*, l. 3.

(2) M. de Valroger, à son cours. — Comp. M. Villems, *op. cit.*, p. 522 et suiv.

nouveaux, premiers personnages de la cité, eurent d'abord une importance considérable, importance qui céda peu à peu devant le pouvoir des gouverneurs (1).

Cela dit, il faut revenir à la question que je posais tout à l'heure. Les magistrats municipaux eurent-ils, dans une mesure plus ou moins étroite, une juridiction crimininelle ?

Cette question a été l'objet d'une grave controverse qui dure encore.

M. de Saviguy affirme qu'il n'y eut de justice municipale que dans les villes qui jouissaient du *jus italicum* (2).

M. Walter, sans se ranger à une opinion aussi étroite, pense qu'une justice municipale existait dans toutes les villes ayant la qualité de colonies ou de municipes, mais dans ces villes là seulement (3).

Enfin, M. Geib est d'avis que pour savoir si telle ville avait une justice municipale, il n'y a pas à considérer si elle jouissait du *jus italicum* ni à s'attacher à la qualité de colonie ou de municipe, que cela dépendait des privilèges spéciaux accordés à chaque province (4).

---

(1) MM. Marquardt et Mommsen, *op. cit.*, t. IV, pp. 479-481.

(2) M. de Savigny, *Geschichte des rœmischen Rechts im Mittelalter*, p. 73-77, 86-88.

(3) M. Walter, *Rechtsgeschichte*, p. 325, 328, 334, 388, 389.

(4) M. Geib, *op. cit.*, p. 483; — *Sic*, M. de Valroger, à son cours; M. Serrigny, *op. cit.*, nos 252 et suiv.; M. Willems, *op. cit.*,

C'est à cette dernière opinion que je m'arrête, et j'ajoute qu'en fait la concession d'une justice municipale aux villes conquises dut être extrêmement fréquente et former la règle. — Voici les raisons qui confirment cette manière de voir :

1° Les jurisconsultes classiques parlent de la justice municipale comme d'une institution générale existant partout. «Ea quæ imperii sunt magis quam juris-« dictionis, magistratus municipalis non potest fa-« cere, » dit Paul (1). Le même jurisconsulte, s'occupant des magistrats municipaux, dit encore : « Extra « territorium jus dicenti impune non paretur (2). »

Les termes de ces deux lois sont généraux, et prouvent bien qu'elles ne sont pas faites pour une catégorie déterminée de villes.

2° Vers le commencement du IVe siècle, on créa dans les provinces des *defensores civitatum*, magistrats qui eurent pour mission d'exercer certaines fonctions de police et en outre de juger les délits légers. Or, est-il vraisemblable qu'on ait attendu jusqu'à cette date pour comprendre la nécessité d'une

---

p. 539, n° 5 ; — Comp. M. Mommsen, *Droit municipal de Salpensa*, 402-403 ; 433-443.

(1) ff. *Ad municipal.*, L. 26.

(2) ff. *De jurisdict.*, *l. ult.*— « C'est bien des magistrats munici-« paux qu'il est question dans ce fragment de Paul. Cela résulte, « 1° de ce que ce fragment est tiré du même livre I, *Ad edictum*, « que la loi 26, *Ad municipal.*; 2° de ce que le mot *territorium* si-« gnifie proprement l'ensemble des fonds compris dans les limites « d'une cité. » (M. Serrigny, *op. cit.*, n° 254).

4.

juridiction pénale inférieure, au-dessous de la juridiction des gouverneurs ; est-il vraisemblable qu'on
ait attendu, pour décharger un peu ces derniers, le
moment où, par suite de la division des provinces,
l'étendue de leur ressort se trouvait considérablement restreinte ? N'est-il pas plus naturel de supposer que les *defensores civitatum* n'ont fait que
prendre, sous un nom nouveau, la modeste place
occupée jusqu'alors par les magistrats municipaux
dans la hiérarchie judiciaire !

Dans les villes où existait une justice municipale,
l'appel contre les décisions des magistrats municipaux était porté devant le Sénat municipal (1).

IV. — Telle était la situation générale des provinces. Cependant « dans un certain nombre de pays
« soumis, depuis l'établissement du pouvoir impé-
« rial, qui dans le principe n'étaient pas considérés
« comme des provinces du peuple romain mais
« comme des États annexés, dont la royauté avait
« passé de la dynastie nationale à l'empereur, toute
« l'administration était déléguée par l'empereur à
« des membres de l'ordre équestre, qui s'appelaient
« *præfecti* dans les États plus importants, comme en
« Egypte, et *procuratores Augusti* dans les dis-
« tricts moins étendus, comme en Judée, jusqu'à 70

---

(1) Voy. M. Mommsen, *Droit municipal de Salpensa*, 413-415.
Comp. M. Willems, *op. cit.*, p. 539.

« après Jésus-Christ, dans le *regnum Noricum* et en
« Rétie jusqu'à Marc-Aurèle, dans le *regnum Cottie*,
« dans les *Alpes Pæninæ*, les *Alpes maritimæ*, la
« Thrace jusqu'à Trajan, et la Mauritanie (1). »

En ce qui concerne spécialement la Judée, cette province échappa à la juridiction des magistrats nommés par le pouvoir central et conserva ses vieilles lois nationales même en matière criminelle (2). M. Renan a exposé d'une façon très nette la situation de la Judée relativement au droit pénal ; il montre Jésus condamné pour un fait qualifié crime par la loi juive, bien que ce fait fût parfaitement innocent aux yeux de la loi romaine ; la procédure suivie n'a rien de semblable à la procédure des Romains ; enfin la condamnation est prononcée par un tribunal juif ; les représentants du gouvernement central ne font que prêter les mains à l'arrestation de Jésus et que ratifier la condamnation. « Jésus se rendit au
« jardin de Gethsémani, au pied du mont des Oli-
« viers. Il s'y assit. Dominant ses amis de son
« immense supériorité, il veillait et priait. Eux dor-
« maient à côté de lui, quand, tout à coup, une
« troupe armée se présenta à la lueur des torches.
« C'étaient les sergents du temple, armés de bâtons,
« sorte de brigade de police qu'on avait laissée aux

______

(1) M. Willems, *op. cit.*, p. 512.

(2) En Egypte, au contraire, l'administration de la justice appartenait à un *juridicus Ægypti*, nommé par l'empereur, et relevant directement du préfet d'Egypte (Voy. M. Willems, *loc. cit.*).

« prêtres ; ils étaient soutenus par un détachement
« de soldats romains avec leurs épées ; le mandat
« d'arrestation émanait du grand prêtre et du sanhé-
« drin (1). . . . .

« La marche que les prêtres avaient résolu de
« suivre contre Jésus était très conforme au droit
« établi. La procédure contre le « séducteur » qui
« cherche à porter atteinte à la pureté de la religion,
« est expliquée dans le Talmud avec des détails dont
« la naïve impudenc fait sourire. Le guet-apens ju-
« diciaire y est érigé en partie essentielle de l'ins-
« truction criminelle. Quand un homme est accusé
« de « séduction », on aposte deux témoins que l'on
« cache derrière une cloison ; on s'arrange pour
« attirer le prévenu dans une chambre contiguë, où
« il puisse être entendu des deux témoins sans que
« lui-même les aperçoive. On allume deux chandelles
« près de lui pour qu'il soit bien constaté que les
« témoins le voient. Alors on lui fait répéter son
« blasphème. On l'engage à se rétracter. S'il persiste
« les témoins qui l'ont entendu l'amènent au tribu-
« nal, et on le lapide. Le Talmud ajoute que ce fut
« de la sorte qu'on se comporta envers Jésus, qu'il
« fut condamné sur la foi de deux témoins qu'on
« avait apostés... Les disciples de Jésus nous ap-
« prennent en effet que le crime reproché à leur

____

(1) Le sanhédrin, conseil suprême des Juifs, interprétait la loi,
délibérait sur les affaires religieuses ou politiques et jugeait les grandes causes.

« maître était la séduction et le récit des évangiles
« répond trait pour trait à la procédure décrite par
« le Talmud. Le plan des ennemis de Jésus était de
« le convaincre par enquête testimoniale et par ses
« propres aveux de blasphème et d'attentat contre
« la religion mosaïque, de le condamner à mort se-
« lon la loi, puis de faire approuver la condamnation
« par Pilate. . . . .

« Le sanhédrin était rassemblé chef Kaïapha.
« L'enquête commença ; plusieurs témoins, préparés
« d'avance selon le procédé inquisitorial exposé
« dans le Talmud, comparurent devant le tribunal.....
« La sentence était écrite, Jésus le sentait et n'entre-
« prit pas une défense inutile....... D'une seule voix
« l'assemblée le déclara coupable de crime ca-
« pital . . . .

« Le sanhédrin n'avait pas le droit de faire exé-
« cuter une sentence de mort...... Il s'agissait de
« faire ratifier par Pilate la condamnation prononcée
« par le sanhédrin, et frappée d'invalidité par suite
« de l'occupation des Romains. . . . .
« Pilate se voyait avec un suprême déplaisir amené
« à jouer en cette affaire un rôle de cruauté, pour
« une loi qu'il haïssait . . . .
« Mais les prêtres déclaraient la loi en péril si le
« séducteur n'était point puni de mort; Pilate
« céda (1). »

---

(1) M. Renan, *Vie de Jésus,* ch. XXIV.

IV. — Dans les provinces, sauf en Judée, la connaissance du grand criminel appartenait donc au gouverneur. Cependant partout, tant que le titre de citoyen romain resta en honneur, c'est-à-dire pendant la plus grande partie de la période que j'étudie, les citoyens accusés de crime eurent le privilège de pouvoir récuser les juridictions provinciales et de pouvoir exiger leur renvoi à Rome. L'histoire de Saint-Paul en offre un exemple frappant.

Paul, né à Tarse en Cilicie, avait le titre de citoyen romain. Aussi quand, poursuivi par la haine des Juifs, il fut traduit devant Festus, procurateur de Judée, et que celui-ci lui proposa « de le faire con-
« duire à Jérusalem, où il pourrait sous sa surveil-
« lance et sa haute juridiction se défendre devant
« une cour juive, Paul maintint son droit d'être jugé
« par un tribunal romain, protesta que personne
« n'avait le droit de le livrer aux Juifs et prononça le
« mot solennel : J'en appelle à l'empereur. Festus
« lui répondit par la formule : Tu as appelé à l'em-
« pereur ; tu iras à l'empereur (1). »

______

(1) M. Renan, *St-Paul*, ch. XX.

DEUXIÈME PARTIE.

DE LA PROCÉDURE.

CHAPITRE PREMIER.

DE LA SUBSTITUTION DU SYSTÈME INQUISITOIRE AU SYSTÈME ACCUSATOIRE.

I. Dangers que présente le système accusatoire ; peines portées contre la calomnie, la prévarication, la tergiversation.—II. Au Ier siècle de l'Empire, l'accusation est un métier abandonné aux délateurs. —III. L'ancienne procédure accusatoire se mélange d'un élément inquisitoire, qui devient peu à peu dominant. — IV. Dangers de la procédure inquisitoire ; les Romains n'ont pas connu l'institution du ministère public.

I. — J'ai dit que tout citoyen pouvait devant les *quæstiones perpetuæ* se porter accusateur (1). Le droit d'accusation accordé à tous présente les inconvénients les plus graves; ce système de procédure compromet à la fois la sécurité des particuliers et les intérêts de la société. On le vit bien à Rome.

Les accusations calomnieuses furent fréquentes et l'on dut, dès le temps de la République, s'occuper de les réprimer. Calomnier, disent les jurisconsultes, c'est imputer de mauvaise foi à une personne un crime que cette personne n'a pas commis (2). Pour tâcher de rendre moins nombreuses les accusations calomnieuses, la législation refusa à plusieurs caté-

---

(1) Voy. *suprà*, Introd.

(2) ff. *Ad sen.-cons. Turpill.*, L. 1, §§ 1 et 3.

gories de personne le droit d'accuser (1). En outre, une loi Remmia, dont on ignore la date, décida que l'accusateur, convaincu de calomnie, serait marqué au front d'un K, première lettre du mot *Kalumniator*. Du reste, cette disposition n'est plus en vigueur sous l'Empire; à cette époque, la peine de la calomnie est arbitraire.

Mais s'il arrive quelquefois que l'accusateur poursuive un innocent, il peut arriver aussi par contre que, désertant la charge qu'il a lui-même assumée et trahissant les intérêts de la société qu'il représente, il cherche à provoquer l'acquittement d'un coupable ou à le soustraire au jugement; il peut arriver en un mot que l'accusateur se rende coupable de *prévarication* ou de *tergiversation*.

---

(1) Sous l'Empire, les personnes privées, soit d'une manière absolue soit d'une manière relative du droit d'accuser, sont extrêmement nombreuses. Sont absolument incapables : les femmes (ff. *De accusat.*, LL. 1 et 8; *De reg. jur.*, L. 2 pr.); — les mineurs (ff. *De accusat.*, L. 8; *De reg. jur.*, L. 2, § 1); — les magistrats d'un ordre élevé (Tac., *Ann.*, IV, 19; ff. *De accusator.*, L. 8); — les militaires (*eod. tit.*, LL. 8 et 13); — ceux qui, ayant été condamnés pour calomnie, prévarication ou tergiversation, ont encouru l'infamie (ff. *De prævaricator.*, L. 5; *De accusat.*, LL. 4, 8 et 9: *Ad leg. Jul. de adulter.*, L. 3; *Ad leg Jul. maj.*, L. 7 pr.); — les indigents (ff. *De accusat.*, L. 10). — Sont frappés d'une incapacité relative : le descendant à l'égard de son ascendant (ff. *De accusat.*, L. 11, § 1. Comp. ff. *Ad leg. Corn. de sicar.*, L. 2); — l'affranchi à l'égard de son patron (ff. *De accusat.*, L. 8. Comp. ff. *De jur. patron.*, LL. 10, 11 et 17); — l'esclave à l'égard de son maître (Paul, *Rec. sent.*, V, XIII, 3; ff. *De offic. præf. urb.*, L. 1, § 8; *De jur. fisc.*, L. 2, § 6).

Il y a prévarication lorsque l'accusateur, colludant avec l'accusé, omet des griefs qui devraient être articulés, dissimule des preuves ou admet de fausess excuses (1).

Il y a tergiversation quand l'accusateur se désiste de l'accusation par fraude et sans en avoir obtenu l'autorisation du magistrat (2). La peine de la prévarication et de la tergiversation était l'infamie. Il fallait d'ailleurs que cette infamie fût prononcée par un jugement (3).

Le système de l'accusation populaire présente un danger bien plus grand encore au point de vue social. Il est téméraire de penser que des citoyens seront longtemps assez désintéressés, assez vertueux pour affronter les ennuis et les périls d'un rôle qui ne doit leur rapporter ni profit ni honneur, qui n'a d'autre mérite que d'être utile à la société; il est téméraire de demander à des hommes des vertus plus qu'humaines. Aux jours glorieux de la Réplblque, ces vertus héroïques avaient peut-être existé dans les cœurs romains; d'ailleurs à cette époque, les accusations presque toutes politiques, assuraient à leurs auteurs une popularité certaine. Mais vers la fin de la République et aux premiers temps de l'Empire, les antiques mœurs n'étaient plus qu'un souve-

---

(1) *Eod lit.*, L. 1, §§ 1 et 6.
(2) *Eod lit.*, L, 1, §§ 1 et 7.
(3) M. Laboulaye, *op. cit.*, p. 352.

nir et chacun se reposait sur l'autorité du soin d'assurer la sécurité publique.

II. — On vit cependant pendant le premier siècle de l'ère chrétienne le droit d'accusation souvent exercé. Mais on sait comment se passèrent les choses sous les Tibère, les Claude, les Néron ; on sait ce que furent ces accusateurs que l'histoire a flétris du nom de délateurs. — « Sous l'Empire, dit M. Laboulaye « s'inspirant de Tacite et le traduisant presque, sous « l'Empire, l'accusation est un métier dont vit la race « infâme des délateurs. Il n'y a plus dans l'État un « homme jaloux, ambitieux, misérable, qui en se « faisant l'esclave et le complaisant de l'envie ou de « la colère impériale, et en s'attaquant aux plus gé- « néreux cœurs, ne puisse se promettre la richesse « et souvent la grandeur. Mais l'homme qui se fait « l'instrument de l'empereur n'a plus, on le sent « bien, ni la liberté d'action ni l'indépendance des « accusateurs républicains ; et cette fausse position « vicie tout le droit d'accusation ; c'est le prince qui « met en jeu la bande méprisable des sycophantes ; « elle agit par son ordre, avance ou recule dès qu'il « le veut ; souvent même le dégoût ou la colère pren- « nent le prince, et il brise ces misérables quand il « est fatigué de leur sanglant ministère.

« .... L'accusation ne fut plus un droit, une « fonction politique, ce fut un trafic. Dès le temps « de la République, il y avait eu pour les accusateurs

« des récompenses pécuniaires ; sous l'Empire, ces
« primes s'accrurent, et tout fut calculé dans la lé-
« gislation pour favoriser cette race maudite. On
« leur donna une part de la fortune des malheureux
« qu'ils avaient perdus. La loi de la lèse-majesté
« leur assignait le quart des biens du condamné, et
« cette dépouille ils l'emportaient alors même que,
« pour échapper à la confiscation, l'accusé prévenait
« sa condamnation par une mort volontaire. Aux
« récompenses pécuniaires, les mauvais empereurs
« joignaient souvent des honneurs, et il n'est pas
« rare de voir les délateurs obtenir à la fois et les ri-
« chesses et les dignités de leurs victimes (1). »

Le rôle d'accusateur avait été déshonoré et dès lors aucun honnête homme ne pouvait plus consentir à l'exercer. C'est en vain que Titus poursuivit sévèrement les délateurs ; c'est en vain que les Antonins firent refleurir les lois, et rendirent au monde romain la paix et la confiance ; le système de l'accusation populaire avait été mortellement atteint, et nous voyons dans la correspondance de Pline que désormais on attend, pour se porter accusateur, d'en avoir reçu l'ordre exprès de l'Empereur ou du Sénat (2).

La principale cause de la décadence de la procédure accusatoire, c'est donc l'abandon que firent les citoyens de leur droit d'accusation.

______

(1) M. Laboulaye, *op. cit.*, p. 435.
(2) Pline, *Epist.* III, 4 ; VI, 29 ; VII, 33.

III. — « Lorsque les citoyens laissèrent s'amollir
« entre leurs mains le droit d'accusation que la
« société leur avait confié, il fallut bien que la société
« privée de leur défense, trouvât quelque moyen de
« se défendre elle-même. Elle dut chercher sinon à
« détruire, du moins à éluder la maxime qui voulait
« qu'aucune poursuite ne pût être exercée sans un
« accusateur (1). »

La transformation du système n'eut pas lieu subitement et en une fois. Dès le commencement de l'Empire, la procédure accusatoire s'était mélangée d'un élément inquisitoire qui se développpa peu à peu et finit par devenir dominante.

La procédure inquisitoire n'avait pas d'ailleurs été inconnue sous la République, et M. de Valroger pense que : « de tout temps les gouverneurs provin-
« ciaux l'avaient pratiquée dans les cas où un grave
« intérêt les y sollicitait. Leur pouvoir en effet était
« arbitraire, au moins vis-à-vis des provinciaux.
« Même à Rome, le Sénat avait procédé ainsi dans
« le cas où il se saisissait de la connaissance de cer-
« tains faits par mesure de haute police. Il paraît
« enfin que le peuple institua quelquefois des *quæs-
« tiones* autorisées à rechercher ainsi les auteurs
« d'actes criminels qui avaient excité l'émotion
« publique. Mais il n'y avait eu là que des procédés
« accidentels, provoqués par des circonstances spé-

____

(1) M. Faustin-Hélie, *op. cit.*, liv. I, ch. V, n° 65.

« ciales, tandis que, sous l'Empire, la procédure
« inquisitoire devint une pratique chaque jour plus
« suivie (1). »

Je dois maintenant indiquer la transformation
lente mais continue qui s'opéra dans la procédure.
La transformation fut facilitée par le changement qui
s'était opéré dans l'organisation judiciaire. En effet,
tandis que les *quæstiones perpetuæ* étaient atta-
chées au système accusatoire, les juridictions nouvelles, préoccupées surtout d'assurer la répression,
devaient tendre au développement de plus en plus
grand de la procédure inquisitoire.

Les tribunaux impériaux respectèrent d'abord
l'ancien principe qu'il ne peut y avoir de poursuite
sans un accusateur; mais, même dans ce cas et dès
les premiers temps de l'Empire, l'influence des procédés inquisitoires se fait sentir : l'interrogatoire de
l'accusé et des témoins par le magistrat remplace
l'interrogatoire par les parties; et la torture, d'exceptionnelle qu'elle était, devient habituelle et est considérée comme un moyen d'instruction presque nécessaire (2).

Bientôt le magistrat oublie, en partie du moins,
l'ancien principe ; il n'exige plus pour poursuivre,
qu'une accusation formelle ait été portée devant lui;
il se contente d'une simple dénonciation (3).

---

(1) M. de Valroger, *loc. cit.*
(2) M. Geib, *op. cit.*, p. 533 et 534.
(3) M. Geib, *op. cit.*, p. 528.

Enfin il est admis, et cela dès l'époque classique, que le magistrat peut se saisir d'office de certains crimes, qu'il doit poursuivre, sans attendre une accusation formelle, les sacriléges, les bandits, les plagiaires, les voleurs (1).

La règle nouvelle est posée, et, quelques années après la mort d'Alexandre Sévère, l'empereur Gordien pourra dire : « Ea quidem quæ per officium « præsidibus denuntiantur et citra solemnia accusa- « tionum posse perpendi, incognitum non est (2); » et Constantin signalera, sans en paraître surpris, qu'il y a deux modes de poursuivre un coupable : le mode accusatoire et le mode inquisitoire : « In « quacumque causa reo adhibito, sive accusator exis- « tat, sive eum publicæ sollicitudinis cura perduxe- « rit, statim debet quæstio fieri, ut noxius puniatur, « innocens absolvatur (3). »

IV. — Il n'est pas douteux que les changements apportés par l'Empire à la procédure criminelle constituèrent un grand progrès au point de vue de la répression.

Mais une bonne législation ne doit pas seulement assurer la répression ; elle doit garantir aussi les droits des accusés. La procédure inquisitoire présente ce danger que la même personne poursuit,

---

(1) ff. *De offic. præsid.*, L. 13 pr.

(2) C. *De accusator.*, L. 7.

(3) Voy. M. Geib, *op. cit.*, p. 526, note 85.

instruit et juge, se trouve par là jusqu'à un certain point juge et partie dans l'affaire et est portée à se considérer comme l'ennemi naturel de l'accusé. La législation française a su conjurer ce danger par l'institution du ministère public.

Le ministère public est une création du droit français et n'a jamais été connu des Romains.

M. Serrigny a cependant soutenu le contraire et voici comment il s'exprime à ce sujet : « Quand on « demande quelle est l'origine du ministère public, « il faut distinguer : si l'on prétend que le ministère « public n'avait pas chez les Romains une existence « aussi tranchée, aussi distincte que chez nous, cela « est parfaitement vrai; — si l'on soutient que les « Romains n'ont pas connu le ministère public, et « que cette institution vient exclusivement du droit « français, je le nie positivement (1). »

Voici quels arguments donne M. Serrigny à l'appui de son système.

Le fisc avait auprès des différents tribunaux des avocats chargés de la défense de ses intérêts. Cette institution date d'Adrien.

Quand l'administration romaine voulait punir un délit, les tribunaux disaient aux avocats du fisc : Poursuivez. La preuve que les choses se passaient bien ainsi se trouve dans un fragment de Sulpice Sévère, qui rapporte que l'empereur Maxime ordonna

---

(1) M. Serrigny, *op. cit.*, n° 655.

à l'avocat du fisc de poursuivre Priscillien (1) et que c'est sur cette poursuite que celui-ci fut jugé et condamné à mort : « Tum per Maximum accusator « apponitur Patricius quidam, fisci patronus. Ita, eo « insistente, Priscillianus capitis damnatus est. »

M. Serrigny me semble avoir tiré une bien grosse conséquence d'un très petit fait. Je ne vois rien autre chose dans le fait rapporté par Sulpice Sévère que ceci : l'empereur donne l'ordre à un citoyen d'accuser Priscillien. Il se trouva que ce citoyen était avocat du fisc, mais l'empereur aurait pu tout aussi bien charger une autre personne de porter l'accusation. Je l'ai déjà dit tout à l'heure : depuis longtemps déjà, les citoyens avaient renoncé à exercer le droit d'accusation, souillé par les délateurs, et toutes les fois que l'empereur voulait suivre l'ancienne forme de l'accusation, il était obligé de désigner formellement un accusateur. Il désignait tantôt l'un tantôt l'autre, mais il n'y eut jamais chez les Romains un fonctionnaire ayant seul, comme chez nous, le droit et le devoir de poursuivre les infractions à la loi pénale (2).

---

(1) Priscillien, hérésiarque espagnol, fut condamné à mort et exécuté en 384, avec plusieurs de ses disciples.

(2) *Sic*, M. de Valroger, à son cours. — Comp. M. Faustin-Hélie, *op. cit.*, liv. I, ch. V, n° 65 *in fine*.

APPENDICE.

DES CRIMES DONT LA POURSUITE ÉTAIT SUBORDONNÉE A LA PLAINTE DES PARTIES LÉSÉES.

Les crimes (je ne parle bien entendu que des crimes publics) pouvaient être poursuivis, on vient de le voir, par toute personne capable (*a quolibet ex populo*) ou par l'autorité compétente (*publicæ sollicitudinis cura*).

Cependant la législation romaine exigea une plainte préalable des parties lésées dans deux cas qui intéressent particulièrement la dignité de la famille, en cas de supposition de part et en cas d'adultère.

Supposition de part. — L'honneur et le repos des familles seraient sans cesse compromis s'il était permis à toute personne d'attaquer la légitimité de leurs membres. On décida en conséquence que seuls auraient le droit de porter une accusation de supposition de part *parentes et hi ad quos ea res pertinet.* Par le mot *parentes* il faut entendre non pas tous les membres de la famille, mais ceux seulement qui seraient victimes de la supposition. — Par les mots *hi ad quos res pertinet* il faut entendre les personnes qui auraient été appelées à l'hérédité à défaut de l'enfant supposé ou qui, trompées par le crime, auraient elles-mêmes institué cet enfant comme héritier (1).

Adultère. — L'adultère fut considéré de très-bonne heure par la législation romaine comme ayant le caractère de crime public (2).

Cependant, pendant les soixante jours qui suivaient le divorce (aucune poursuite en adultère ne pouvait avoir lieu tant que durait le mariage), le droit de poursuite était réservé au mari et au père de la femme coupable (3).

Après ce délai de soixante jours toute personne pouvait se porter accusateur; si la femme accusée par un étranger était acquittée, le mari pouvait renouveler la poursuite (4).

Le droit qu'avait toute personne de se porter accusateur contre la femme adultère après le délai de soixante jours fut restreint par Constantin aux plus proches parents (5). Enfin, Justinien finit par ne l'accorder, en dehors du mari, qu'au père et à l'oncle (6).

---

(1) Voy. M. Faustin-Hélie, *op. cit.*, liv. II, ch. XIII, n° 735.

(2) Voy. Montesquieu, *Esprit des lois*, VII, 10.

(3) ff. *Ad leg. Jul. de adult.*, L. 1, § *ult*; LL. 3 et 4, § 1, L. 30, § 1.

(4) *Eod tit.*, L. 4, § 2.

(5) Voy. M. Faustin-Hélie, *op. cit.*, liv. II, ch. XIII, n° 736.

(6) C. *Ad leg. Jul. de adult.*, L. 30.

CHAPITRE II.

DE LA PROCÉDURE PRÉLIMINAIRE.

SECTION PREMIÈRE.

Des officiers de police chargés de rechercher et de dénoncer les crimes.

I. De la police judiciaire. — II. Officiers de police judiciaire chez les Romains : *præfectus vigilum,* magistrats municipaux ; irénarques ; *stationarii ; curiosi.*

I. — Dans le droit français actuel, tous les officiers publics qui, dans l'exercice de leurs fonctions, ont connaissance d'un crime ou d'un délit, sont tenus de le dénoncer au procureur de la République. Plus spécialement, la loi a institué des fonctionnaires que l'on appelle officiers de police judiciaire et qui sont chargés « de chercher les délits que la police admi- « nistrative n'a pas pu empêcher de commettre, d'en « rassembler les preuves et d'en livrer les auteurs « aux tribunaux chargés de les punir (1). »

II. — Il en fut absolument de même chez les Romains. En effet, outre qu'ils admirent, au moins dans le dernier état du droit, le principe que tout fonctionnaire public devait dénoncer les crimes qui

____

(1) Art. 20 du C. de brum. an IV.

arrivaient à sa connaissance (1), ils eurent de tout temps des magistrats chargés de « rechercher les « délits, d'en rassembler les preuves et d'en livrer « les auteurs aux tribunaux compétents. »

A la classe de ces magistrats appartenaient non-seulement le *præfectus vigilum* et les magistrats municipaux, ainsi que je l'ai déjà indiqué (2), mais encore les irénarques, les *stationarii*, les *curiosi* (3).

Un passage de Marcien nous fait connaître très-exactement les fonctions des irénarques (4).

Quand l'irénarque, dit le jurisconsulte, a arrêté un brigand, il doit lui faire subir un interrogatoire et chercher à savoir s'il a des complices. Puis il envoie l'accusé au magistrat compétent avec un rapport dens lequel est relaté l'interrogatoire. Mais ce rapport n'a qu'une force très-minime, et l'irénarque doit le confirmer de vive voix devant le magistrat. Si la dénonciation est fondée, il reçoit des éloges. S'il a agi imprudemment, il est blâmé ; s'il a agi de mauvaise foi, on le mettra dans l'impossibilité de faire à l'avenir semblable chose.

---

(1) M. Geib, *op. cit.*, p. 530.

(2) *Suprà*, 1re partie, ch. II, sect. IV ; ch. III, sect. I et II. — Voy. M. Cuq, *op. cit.*, p. 125.

(3) Il est probable que les irénarques étaient élus par les villes et devaient seulement être agréés par l'Etat, tandis que l'Etat nommait directement les *curiosi* et les *stationarii* (Voy. M. Geib, *op. cit.*, p. 528).

(4) ff. *De custod. et exhibit. reor.*, L, 6, § 1.

Les *stationarii* (1) étaient ainsi appelés parce qu'ils formaient des *stationes* « espèces de bureaux d'a-
« gents, chargés des mêmes fonctions que nos bri-
« gades de gendarmerie actuelles (2). »

Les *curiosi*, fonctionnaires spécialement chargés de la surveillance des maisons de postes, « parcou-
« raient sans cesse les grandes routes, recueillaient
« tous les bruits relatifs aux abus, aux complots, en
« un mot aux événements que le gouvernement avait
« intérêt à connaître. Ils étaient seulement tenus de
« dénoncer les crimes aux magistrats. Ils n'avaient
« pas le droit d'incarcérer les prévenus, ce qu'ils fai-
« saient toutefois par excès de zèle (3). »

SECTION II.

Du tribunal compétent.

I. Les Romains n'admirent jamais que la compétence de deux tri-
bunaux : le tribunal du lieu du délit et le tribunal du lieu de résidence du prévenu. — II. On a cependant soutenu qu'ils admirent aussi la compétence du lieu de la capture ; examen de cette opinion.

I. — Un crime a été commis. Quel est le tribunal qui en connaîtra ? Chez nous, trois tribunaux sont aujourd'hui compétents pour juger une infraction à la loi pénale : le tribunal du lieu du délit, le tribu-

---

(1) ff. *De offic. præf. urb.*, L. 1, § 12.
(2) M. Serrigny, *op. cit.*, n° 988.
(3) M. Serrigny, *op. cit.*, n°s 984 et 985.

nal du lieu de résidence du prévenu, le tribunal du lieu de la capture. La compétence de ce dernier tribunal n'a jamais été admise par les Romains. L'importance du deuxième, très grande sous la République, diminua à ce point sous l'Empire que, en pratique, il ne peut désormais plus être question que d'un seul tribunal, le tribunal du lieu du délit (1).

Il en résulte que le gouverneur d'une province connaissait, à l'époque classique, de tous les crimes commis dans sa province et de ceux-là seulement (2).

Ce principe était si rigoureusement observé que, lorsqu'une personne avait commis plusieurs crimes dans différentes provinces, elle ne pouvait pas être jugée pour tous ces crimes en une fois et par le même tribunal : chaque crime était déféré au gouverneur de la province, qui en avait été le théâtre (3).

II. — J'ai dit que les Romains n'ont jamais admis la compétence du tribunal du lieu de la capture. Cette opinion a été combattue, et l'on a invoqué en sens contraire des textes, qu'il importe d'examiner.

1° La loi 1 du titre *Ubi de criminibus agi oportet* au Code (4), mentionne expressément, a-t-on dit, le tribunal du lieu de la capture parmi les tribu-

---

(1) Voy. M. Geib, *op. cit.*, p. 489 et 490.
(2) ff. *De accusation.*, L. 7, § 4 ; L. 22 ; — *De re militar.*, L. 3 pr.
(3) ff. *De accusation.*, L. 7, § 5.
(4) C'est une constitution de Septime Sévère et de Caracalla.

naux compétents et il suffit, pour s'en convaincre d'en lire les termes : « Quæstiones eorum criminum, « quæ legibus aut extra ordinem coercentur, ubi com- « missa vel inchoata sunt, vel ubi reperiuntur qui « rei esse perhibentur criminis perfici debere satis « notum est. »

Je pense, au contraire, que cette loi est absolument étrangère à la question discutée. On sait que certains fonctionnaires étaient spécialement chargés de rechercher les crimes (1); quand ils avaient découvert l'auteur présumé du délit, ils devaient ouvrir une enquête, et renvoyer ensuite le prétendu coupable devant le tribunal compétent avec un rapport sommaire. Or voici ce que signifie le texte cité. Non seulement là où le crime a été commis, mais encore là où le prétendu coupable est appréhendé, c'est le devoir des officiers de police judiciaire d'ouvrir une instruction préliminaire et de mettre l'affaire en état (*quæstiones perfici debent*). En d'autres termes, tandis que dans le système contraire, on traduit le mot *quæstio* pour le mot jugement, je le traduis par le mot instruction préliminaire ou enquête (2).

2° On a argumenté aussi d'un passage de Paul et d'un passage d'Ulpien.

---

(1) Voy. *suprà*, 2ᵉ partie, ch. II, sèct. I.

(2) M. Geib (*op. cit.*, p. 434), pense qu'il ne s'agit dans la loi citée que de diverses villes d'une même province. Cette opinion n'est pas appuyée sur des motifs suffisants pour pouvoir être adoptée. Mais le système soutenu au texte peut se justifier en dehors de cette opinion.

Voici le passage de Paul :

« Præses in suæ provinciæ homines tantum
« imperium habet et hoc, dum in provincia est ;
« nam, si excesserit, privatus est. Habet interdum
« imperium et adversus extraneos homines, si quid
« manu commiserint ; nam et in mandatis princi-
« pum est ut curet is qui provinciæ præest malis
« hominibus provinciam purgare, nec distinguitur
« unde sint (1). »

Voici le passage d'Ulpien :

« Congruit bono et gravi præsidi curare ut pa-
« cata atque quieta provincia sit, quam regit :
« quod non difficile obtinebit si sollicite agat ut ma-
« lis hominibus provincia careat eosque conquirat;
« nam et sacrilegos, latrones, plagiarios, fures con-
« quirere debet; et, prout quisque deliquerit in eum
« animadvertere ; receptoresque eorum coercere
« sine quibus latro diutius latere non potest (2). »

J'ai peine à comprendre qu'on ait songé à invoquer
ces deux textes pour appuyer l'opinion dans laquelle
on soutient que les Romains admirent la compétence
de lieu de la capture. J'y vois bien en effet que le
gouverneur n'a pas à rechercher si l'accusé est ou
non un homme de sa province « habet imperium
« adversus extraneos sicut adversus provinciæ homi-
« nes ; non distinguitur unde sint mali homines ; » le

---

(1) ff. *De offic. præsid.*, L. 3.
(2) *Eod. tit.*, L. 13 pr.

jurisconsulte repousse la compétence du tribunal du lieu de résidence de l'accusé et s'en tient exclusivement à la compétence du tribunal du lieu du délit. Nulle part il n'est question de la compétence du juge du lieu de la capture. Bien plus, les deux textes paraissent repousser cette compétence. Que disent-ils en effet?

Il est du devoir d'un bon gouverneur de faire en sorte que sa province soit calme et que l'ordre y règne. Toute infraction à la loi pénale trouble la paix de la province : le gouverneur doit donc la réprimer. Mais si un crime a été commis dans une province éloignée, et si l'auteur de ce crime vient dans une autre province mener une vie tranquille et y respecte les lois, celle-ci n'est pas intéressée à la répression du délit.

D'ailleurs les derniers mots du fragment d'Ulpien montrent clairement que le jurisconsulte entend ne parler que d'une seule et même province. En effet, après avoir énoncé une vérité qu'on traduit aujourd'hui par l'adage familier « pas de recéleurs, pas de voleurs », il déclare que le gouverneur doit poursuivre avec rigueur les recéleurs. Or, j'ai peine à croire que les criminels de l'Empire romain eussent pour habitude, après qu'ils avaient commis un crime dans une province, de se transporter dans une autre province pour y confier à des mains amies le produit de leurs vols ou leurs propres personnes.

Il ne suffit pas d'avoir réfuté les arguments du

système contraire ; je dois maintenant fonder par des arguments directs l'opinion que je soutiens. Il me suffit pour cela de transcrire le texte de la loi 7 § 5 du titre *De accusationibus* au Digeste que j'ai citée au commencement de cette section et dans laquelle Ulpien s'exprime ainsi : « Quum sacrilegium « admissum esset in aliqua provincia deinde in alia « minus crimen, divus Pius Pontio Proculo rescrip- « sit, postquam cognoverit de crimine in sua pro- « vincia admisso, ut reum in eam remitteret ubi « sacrilegium admisit. »

S'il est une hypothèse favorable à l'opinion que je combats c'est bien celle rapportée par Ulpien. Et cependant quelle est la solution donnée par l'empe- reur Antonin le Pieux ? L'empereur ne s'occupe même pas de connaître quel est le lieu de la capture ; et tel est le respect du principe admis que la com- pétence appartient au juge dans le ressort territorial duquel l'infraction a été commise, que le rescrit décide que le tribunal de chacune des provinces jugera sépa- rément le crime commis sur son territoire (1).

---

(1) Voy. sur cette question les autorités citées dans l'un et l'autre sens, par M. Geib, *op. cit.*, p. 492 et 496, notes 16 et 22.

SECTION III.

De la détention préventive.

I. Nécessité de cette mesure. — II. Elle passe en habitude sous l'Empire. — III. Le juge resta cependant toujours libre de laisser l'accusé en liberté.

I. — Détenir préventivement un accusé, qui est jusqu'à la condamnation réputé innocent, est une mesure très-grave qu'il est difficile de justifier philosophiquement. Mais il faut reconnaître que c'est une condition nécessaire de la répression. La détention préventive peut seule en effet donner à la société cette garantie que, si l'accusé est condamné il subira sa peine.

II. — L'Empire, préoccupé surtout du maintien de l'ordre et soucieux d'arriver à la répression sévère des crimes qui le troublent, devait être plus touché des avantages que des inconvénients de la détention préventive. « L'arrestation provisoire n'avait pas été inconnue au temps de la République; mais le prestige « dont le citoyen était alors entouré la fit peu à peu « tomber en désuétude. L'Empire ne pouvait avoir le « même respect pour ses sujets; aussi l'incarcération « provisoire rentra-t-elle alors dans la pratique et « passa même en habitude (1). »

---

(1) M. de Valroger, *op. cit.*, p. 524.

III. — Cependant, de même que chez nous le magistrat instructeur est libre de laisser un accusé en liberté, du moins pendant la plus grande partie de l'instruction, de même aucune loi n'obligea les magistrats romains à employer contre les accusés la *custodia publica*, c'est-à-dire à les incarcérer. Les accusés pouvaient être soumis seulement à la *custodia militaris* c'est-à-dire laissés libres de vaquer à leurs affaires sous la surveillance de deux soldats, ou à la *custodia libera* c'est-à-dire laissés en liberté sous la responsabilité de fidéjusseurs. Enfin on se contentait quelquefois de leur simple caution juratoire : « De custodia reorum, dit Ulpien, proconsul
« æstimare solet utrum in carcerem recipienda sit per-
« sona, an militi tradenda vel fidejussoribus commit-
« tenda, vel etiam sibi. Hoc autem vel pro criminis
« quod objicitur qualitate, vel propter honorem, aut
« propter amplissimas facultates, vel pro innocentia
« personæ, vel pro dignitate ejus, qui accusatur,
« facere solet (1). »

SECTION IV.

De l'instruction préparatoire.

I. Il n'y a pas, à proprement parler, d'instruction préparatoire quand le magistrat agit d'office. — II. De l'instruction préparatoire quand le magistrat a reçu une accusation : les diverses phases de l'ancienne procédure ont disparu, l'*inscriptio* est maintenant

____

(1) *De custod. et exhibit. reor.*, L. 1.

le seul acte essentiel de l'instruction. — III. Situation du prévenu (*reatus*).

I. — Quand le magistrat se saisit d'office d'une affaire, il ne peut être question d'une instruction préparatoire, à moins qu'on ne veuille donner ce nom à l'enquête sommaire que devait faire les officiers de police judiciaire, chargés de rechercher les crimes et d'arrêter les coupables. Je supposerai donc toujours dans cette section que, conformément aux principes anciens, une accusation formelle a été portée devant le magistrat.

II. — On va voir que, même dans ce cas, et bien qu'au premier abord il puisse sembler que rien n'est changé dans l'ancienne procédure, en réalité un système tout nouveau s'est introduit. Au lieu des phases diverses et nombreuses qui caractérisaient la procédure d'instruction devant les *quæstiones perpetuæ* il n'y a plus devant les juridictions criminelles de l'Empire qu'un seul acte essentiel : le dépôt de la plainte.

Il ne faut pas d'ailleurs s'étonner de ce changement.

Sous la République l'instruction et le jugement avaient été confiés à deux juridictions différentes : un magistrat instruisait l'affaire, que des jurés devaient juger. Il importait donc que le magistrat mît en lumière toutes les circonstances de la cause et donnât ainsi aux jurés le moyen de rendre un jugement éclairé.

Sous l'Empire au contraire, la même juridiction instruit et juge : le magistrat peut donc passer rapidement sur l'instruction préparatoire; il sera toujours à temps d'en combler les lacunes et de s'éclairer complètement lors de l'instruction. à l'audience.

J'ai dit ce qu'étaient, sous l'empire des *quæstiones perpetuæ*, la *postulatio*, la *divinatio*, la *nominis delatio*, l'*inscriptio*, la *nominis receptio* (1).

Ces différents actes de l'instruction préparatoire ont disparu, du moins en tant qu'actes séparés et déterminés.

Sans doute le premier devoir du magistrat devant qui est portée une accusation est toujours d'examiner avec soin si l'accusateur est capable, mais la *postulatio* se confond avec la *nominis delatio* qui se confond souvent elle-même, je le montrerai tout à l'heure, avec l'*inscriptio*.

De même si plusieurs personnes se présentent pour accuser, il faudra bien qu'un choix (*divinatio*) soit fait entre elles. Mais ce choix, qui jadis donnait lieu à un débat spécial et sur lequel le jury était appelé à se prononcer, est fait maintenant par le magistrat au moment de la *nominis delatio* (2).

La *nominis delatio* c'est, on s'en souvient, la désignation du crime et l'indication de la per-

---

(1) Voy. *suprà*, introd.

(2) ff. *De accusat. et inscript.*, L. 16; — *Ad leg. Jul. de adulter.*, L. 2, § 9; — *De hominib. liber. exhibend.*, L. 3, § 12; — *De sep. viol.*, L. 3 pr.; — *De popular. actionib.*, L. 2.

sonne accusée faite au magistrat par l'accusateur.

La *nominis delatio* exige-t-elle la présence de l'accusé? Faut-il au moins que l'accusé ait été assigné?

Aucune de ces conditions n'est nécessaire ; il peut être procédé à la *nominis delatio* en l'absence de l'accusé (1) ; il n'est pas même nécessaire que l'accusé ait été assigné : partout en effet où il est parlé d'une citation c'est à propos de l'instruction définitive et non de l'instruction préparatoire (2), et cela s'explique d'autant mieux que l'*interrogatio* qui exigeait la présence de l'accusé a disparu à l'époque actuelle.

Mais si l'instruction préparatoire put ainsi être entièrement achevée hors de la présence et à l'insu de l'accusé, il fut établi que celui-ci devait cependant être mis en état de préparer sa défense et qu'on devait en conséquence l'informer avant l'ouverture de l'instruction définitive des griefs articulés contre lui (3).

On se rappelle ce qu'était l'*inscriptio* devant les *quæstiones perpetuæ* : l'interrogatoire subi par l'accusé, interrogatoire qui avait pour but de détermi-

---

(1) ff. *De accusat. et inscript.*, L. 12 pr. ; — *Ad leg. Jul. de adult.*, L. 15, § 1 ; — *De reg. jur.*, L. 140 ; — argument *a contrario*.

(2) ff. *De publ. judic.*, L. 10.

(3) Paul, *Rec. Sent.*, V, XVI, 14 ; — ff, *De quæstion.*, L. 18, § 9.

ner les questions sur lesquelles devait rouler le procès, était résumé par le préteur dans un procès-verbal, (*inscriptio*), que signait l'accusateur.

Sous l'Empire, comme jadis, l'*inscriptio* doit contenir les principaux chefs de l'accusation (1); seulement c'est l'accusateur qui la rédige; s'il ne sait pas écrire, il la fait rédiger par un tiers et y appose seulement sa signature (2). Le plus souvent l'accusateur apporte sa plainte toute rédigée et la dépose entre les mains du magistrat; la *nominis delatio* se confond ainsi avec l'*inscriptio*.

La nécessité d'une *inscriptio* résulte des textes les plus formels (3).

En résumé, à l'époque classique, lorsqu'une personne veut porter une accusation, voici comment elle procède : négligeant les divers actes séparés de l'ancienne instruction préparatoire, elle apporte son acte d'accusation rédigé et signé. Le magistrat examine si l'accusation est recevable et il l'admet immédiatement ou remet à l'examiner plus tard (4).

III. — Aussitôt après la réception de l'accusation (*nominis receptio*) par les magistrats, l'accusé est techniquement en état de prévention (*in reatu*).

Cette situation entraîne des conséquences très graves. Le *reatus* en effet ne peut pas :

(1-2-3) ff. *De accusation. et inscription.*, L. 7 pr. ; —*De privat. delict.*, L. 3 ; — *De furtis*, L. 92,

(4) Voy. M. Geib, *op. cit.*, p. 560.

Se porter accusateur (1);

Etre témoin (2);

Entrer dans l'armée (3);

Obtenir ni même briguer des emplois ou honneurs (4) ;

Mais sa situation civile et politique actuelle reste intacte (5).

On comprend ce qu'une pareille situation avait de pénible, surtout si l'on songe que le magistrat était libre de la faire durer aussi longtemps qu'il lui plaisait, et l'on ne s'étonnera pas qu'on ait admis que la longue durée de la prévention serait un motif d'abaissement de la peine (6). On décida même que, au bout d'un an, il y aurait péremption de l'instance et que les incapacités dont était frappé le prévenu tomberaient alors, à moins bien entendu que le retard apporté au jugement ne provînt du fait du prévenu lui-même (7).

---

(1) ff. *De publ. judic.*, L. 5 pr.; — C. *De his qui acc. non poss.*, L. 1.

(2) ff. *De testib.*, L. 3, § 5 ; L. 15 pr. ; L. 18.

(3) ff. *De re milit.*, L. 4, § 5 ; L. 16.

(4) ff. *Ad municipal.*, L. 17, § 12 ; — *De munerib. et honor.*, L. 17 pr.

(5) ff. *Ad municipal.*, L. 17, § 12.

(6) ff. *De pœn.*, L. 25 pr.

(7) ff. *De munerib. et honorib.*, L. 7, pr.

CHAPITRE II.

DU JUGEMENT.

SECTION PREMIÈRE.

De la citation donnée à l'accusateur et à l'accusé.

I. De l'appel des noms des parties et de l'assignation donnée par écrit. — II. Du défaut de l'accusateur ; du défaut de l'accusé.

I. — J'arrive à la partie la plus importante de la procédure, à l'instruction qui prépare l'appréciation définitive de la culpabilité ou de l'innocence, et qui se termine seulement par le prononcé de la sentence. Cette dernière phase de la procédure s'ouvre par l'appel des noms de l'accusateur et de l'accusé fait par un crieur et répété trois fois (1). Exceptionnellement et si le magistrat savait d'avance que l'accusateur ou l'accusé est absent, il est donné assignation aux parties par un acte écrit, qui est également renouvelé trois fois (2).

II. — Si l'accusateur ne se présente pas, l'instance tombe, à moins qu'un tiers ne reprenne en main l'accusation (3). Les progrès, chaque jour plus grands

---

(1) Suétone, *Tib.*, 11 ; — ff. *De in integr. restitut.*, L. 7 pr. ; *De publ. judic.*, L. 10.

(2) Paul, *Rec. sent.*, V, V, 7 ; — ff. *De re judic.*, L. 53, § 1.

(3) ff. *De accusat.*, L. 11, § 2.

de la procédure inquisitoire, firent admettre le droit pour le juge de reprendre d'office l'accusation abandonnée (1).

J'ai supposé que c'est l'accusateur qui ne se présente pas. Si c'est l'accusé qui fait défaut, que va-t-il se passer ? Il y a lieu en ce cas à recourir à la procédure par contumace ; j'en exposerai les règles sous un chapitre spécial (2).

SECTION II.

Les plaidoiries.

I. Les débats s'ouvrent par les plaidoiries. — II. Les *advocati* ont remplacé les *patroni* ; différence entre les *patroni* et les *advocati*. — III. De la réplique et de la duplique ; elles peuvent être prononcées à n'importe quel moment des débats.

I.—Les parties sont en présence devant le tribunal.

Il ne peut plus être question de récusation puisqu'il n'y a plus de jurés.

Devant les *quæstiones* les débats s'ouvraient par les plaidoiries de l'accusateur et de l'accusé ; et ce n'était que plus tard qu'on procédait à l'administration des preuves.

Cet ordre peu logique fut suivi devant les juridictions impériales, du moins pendant la période que j'étudie (3).

---

(1) M. Geib, *op. cit.*, p. 594.

(2) Voy. *infrà*, ch. IV.

(3) *Sic*, M. Geib, *op. cit.*, p. 601. — *Contra*, M. Faustin-Hélie, *op. cit.*, sect. I, ch. IV, n° 46.

II. — Sous l'Empire comme jadis, l'accusateur et l'accusé ont le choix ou de plaider eux-mêmes ou de se faire représenter par des tiers (1).

Celui qui plaide pour l'accusé ne porte plus le nom de *patronus;* on l'appelle *advocatus.* Et ce n'est pas seulement le nom ancien qui a disparu, c'est aussi l'antique considération attachée à la fonction.

Sans doute il est encore permis à tout citoyen de prendre la défense d'un accusé, et ce principe reste en vigueur pendant toute l'époque classique. Mais, si le principe existe toujours, il est presque devenu une lettre morte, et la défense est désormais une profession.

Il fallut donc rétribuer les avocats, et, dès le règne de Claude, intervint un sénatus-consulte qui autorisa les avocats à recevoir des honoraires. Voici dans quelles circonstances ce sénatus-consulte fut voté. La loi Cincia défendait aux avocats d'accepter aucune rétribution. Cette loi, qu'Auguste avait confirmée, était dans la pratique continuellement et ouvertement violée. Sous le règne de Claude, à la suite du scandale provoqué par un avocat qui s'était fait payer quatre cent mille sesterces (2) par son client pour le trahir, le Sénat demanda l'exécution de l'ancienne loi Cincia. Après une vive discussion, le Sénat décida qu'il y avait lieu d'abroger la disposi-

---

(1) Pl., *Epist.,* I, 23.
(2) 292.253 francs de notre monnaie.

tion de la loi, refusant aux avocats le droit de se faire rétribuer, mais en même temps il établit pour les honoraires un maximum de dix mille sesterces (1).

III. — La durée des plaidoiries fut limitée, comme par le passé, et l'avocat put encore sous l'Empire « recevoir de la clepsydre l'ordre de se taire (2). »

On comprend combien il était gênant pour les orateurs de parler avant que les preuves eussent été fournies et que les témoins eussent déposé ; ils

---

(1) 1948 francs de notre monnaie. — Tacite nous a conservé les arguments qui furent présentés au Sénat pour et contre la gratuité des fonctions d'avocat. Ils sont intéressants à noter : « Les partisans de la motion (c'est-à-dire les partisans de la gratuité), rappelèrent l'exemple des anciens orateurs qui regardaient l'estime de la postérité comme le plus digne salaire de l'éloquence ; ils ajoutèrent que penser autrement, c'est profaner par un vil trafic le plus noble des arts ; que, si la plaidoirie n'enrichissait personne, il y aurait moins de procès ; que les inimitiés, les accusations, les haines, les injustices étaient encouragées par les avocats qui trouvaient dans cette plaie du barreau, comme les médecins dans les maladies, une source de fortune..... Les adversaires répondirent en demandant quel est l'homme assez présomptueux pour se promettre l'immortalité. Selon eux, l'éloquence a un objet plus utile et plus réel : c'est un appui ménagé à la faiblesse pour qu'elle ne soit pas, faute de défenseurs, à la merci de la force. Et cependant ce talent ne s'acquiert pas sans qu'il en coûte. L'orateur néglige ses affaires pendant qu'il se dévoue à celles d'autrui. Le guerrier vit de son épée, le laboureur de sa charrue ; nul n'embrasse un état sans en avoir auparavant calculé les avantages. Les héritiers de familles opulentes peuvent aisément se parer de magnanimité, mais que sera-ce du peuple, s'il en est dans cet ordre qui se distinguent au barreau ? C'en est fait des talents si l'on supprime les récompenses. » (Tacite, *Ann.*, XI, 6 et 7, trad. Burnouf).

(2) Pline, *Epist.*, I, 23.

risquaient de rester en dehors de la question et de faire une plaidoirie tout à fait inutile. On avait dès longtemps senti cet inconvénient et déjà sous la République on y avait porté remède, en partie du moins, au moyen de la *comperendinatio* et de la procédure d'*ampliatio* (1). Sous l'Empire la *comperendinatio* et l'*ampliatio* disparurent ainsi que les *altercationes*, mais on admit que l'accusateur aurait le droit de faire entendre une réplique et l'accusé ou son défenseur une duplique, pourvu toutefois que les orateurs n'eussent point dépassé le temps fixé pour les plaidoiries (2). Je ne doute pas que la réplique et la duplique pouvaient être prononcées à n'importe quel moment de l'audience. Autrement, elles auraient été à peu près inutiles.

SECTION III.

Des preuves.

I. De l'intime conviction. — II. Même sous l'Empire il n'y eut pas à Rome de système légal de preuves.

I. — Les plaidoiries terminées, on procède à l'administration des preuves.

---

(1) La *comperendinatio* paraît n'avoir jamais été admise que devant la *quæstio repetundarum*. Qu'était-ce exactement que la *comperendinatio*? En quoi différait-elle de l'*ampliatio*? Voy. sur ces points, M. Geib, *op. cit.*, p. 368-383 et M. Laboulaye, *op. cit.*, p. 377 et suiv.

(2) Pline, *Epist.*, II, II; IV, 9; V, 20.

Dans le droit français actuel, il n'y a point de système légal des preuves. « La loi ne dit point aux « jurés : Vous tiendrez pour vrai tel fait attesté par « tel ou tel nombre de témoins ; elle ne leur dit pas « non plus : Vous ne regarderez pas comme suffisam- « ment établie telle preuve qui ne sera pas formée de « tel procès-verbal, de telles pièces, de tant de témoins « ou de tant d'indices ; elle ne leur fait que cette seule « question qui renferme toute la mesure de leurs de- « voirs : Avez-vous une intime conviction (1) ? »

II. — Les Romains suivirent-ils les mêmes principes et demandèrent-ils seulement aux juges l'intime conviction ?

L'affirmative n'est pas douteuse si l'on se place à l'époque de la République.

Même pour le temps de l'Empire, il faut donner la même solution (2), bien qu'on remarque, surtout à l'époque des jurisconsultes classiques, une tendance de la législation et de la doctrine à poser certaines règles destinées à diriger le juge dans l'appréciation des preuves ; ainsi on admit que la déposition d'un seul témoin serait insuffisante pour fonder une condamnation (3).

Les modes de preuve admis étaient : l'aveu, les témoignages, les titres, les indices.

---

(1) Code d'instruction criminelle, art. 342.

(2) ff. *De test.*, L. 3, § 2 ; L. 21, § 3.

(3) ff. *De quæstion.*, L. 20.

§ Ier.

De l'aveu.

I. L'aveu de l'accusé ne suffit pas pour fonder une condamnation. — II. De la torture. Les Romains en comprirent l'inutilité ; conséquences qu'ils tirèrent de cette idée. — III. La torture à l'époque classique.

I. — Sous l'Empire l'aveu de l'accusé n'est plus, comme dans les temps passés, suffisant pour déterminer, à lui seul et indépendamment de toute autre preuve, une sentence de condamnation (1).

Le juge s'efforce d'obtenir les aveux des accusés par des interrogatoires qu'il leur fait subir soit au cours de la procédure préliminaire, soit au cours de la procédure principale (2).

II. — Sous la République, on avait coutume de soumettre à la torture les esclaves accusés de crimes. Cet usage, que Rome n'avait point inventé et qu'elle avait emprunté à la Grèce, prit sous l'Empire un très grand développement « et le titre de citoyen ne pro« tégea plus le corps des accusés contre les atteintes « du bourreau (3). » Il en fut ainsi dès le règne de Tibère.

Il est remarquable qu'on ne comprit jamais à Rome

---

(1) ff. *Eod. tit.*, L. 1, § 17.
(2) M. Geib, *op. cit.*, p. 614.
(3) M. de Valroger, *op. cit.*, p. 531.

la barbarie de la torture, et telle est la puissance des mœurs qu'on chercherait en vain dans les ouvrages littéraires ou dans les jurisconsultes une ligne de généreuse indignation à ce sujet.

On sentit bien que la question est chose dangereuse au point de vue de la découverte de la vérité, « res fragilis et periculosa ; » que les hommes forts et vaillants résistent à la douleur et refusent de dire la vérité ; « ita tormenta contemnunt ut exprimi eis « veritas nullo modo possit ; » que les faibles avouent immédiatement tout, pour échapper à la souffrance, « tanta sunt impatientia ut in quovis mentiri quam « pati tormento velint (1). »

La conclusion semblerait s'imposer que la torture dut être abandonnée, puisqu'elle ne donne que des résultats incertains. « La loi romaine, dit M. Faustin- « Hélie, n'entrevoit pas même cette conclusion ; elle « n'en déduit qu'une seule, c'est que les juges sont « libres d'ajouter ou de ne pas ajouter foi aux décla- « rations des suppliciés. Ainsi il importe peu que les « tortures n'arrachent que de fausses dépositions à « l'homme qui les brave ou à celui qui les craint ; il « importe peu qu'elles soient inefficaces, qu'elles « soient inutiles ; il suffit d'avertir le juge qu'il doit « examiner et apprécier les aveux qu'elles procurent. « Ce n'est pas une raison pour suspendre l'emploi « de l'instrument, mais seulement pour l'appliquer

---

(1) ff. *De quœstion.*, L. 1, § 23.

« avec discernement ; voilà l'esprit de la législation
« romaine (1). »

III. — Dans le premier siècle de l'Empire aucune
règle ne détermina dans quels cas la torture pouvait
être employée et tout dépendit du bon plaisir du
prince (2).

Les jurisconsultes de l'époque classique apportè-
rent un peu d'ordre dans ce chaos, et on finit par
admettre ces deux principes, qui dominent la matière : 1° la torture est une mesure exceptionnelle et
ne peut être employée que lorsqu'il est impossible de
prouver par un autre moyen la culpabilité de l'accusé ; 2° il faut en outre, pour que l'accusé soit appliqué à la question, qu'il existe déjà contre lui des
indices graves, rendant la culpabilité vraisemblable (3).

Ces deux conditions remplies, rien ne s'oppose à
ce que la torture soit employée. Cependant il y a
lieu encore de considérer la qualité de l'accusé et la
nature du crime.

En effet, il faut encore distinguer s'il s'agit d'une
personne libre ou d'un esclave, bien que cette distinc-
soit bien moins importante aujourd'hui que sous la
République.

____

(1) M. Faustin-Hélie, *op. cit.*, liv. I, ch. IV, n° 49.

(2) Tacite, *Ann.*, XI, 22 ; XV, 56 ; — Suétone, *Tib.*, 58, 62 ;
Cal., 32 ; *Domit.*, 8, 10.

(3) Paul. *Rec. sent.*, V, XIV, 1. — ff. *De quæst.*, L. 1, § 1 ;
L. 18, § 2 ; L. 20. — C. *Eod tit.*, L. 3.

En ce qui concerne les personnes libres on posa le principe qu'elles ne pouvaient être torturées que si elles étaient accusées de lèse-majesté. En fait comme les empereurs compliquèrent toute accusation d'une accusation de lèse-majesté, le principe fut une lettre morte (1). Cependant ce n'est que dans les textes des Codes Théodosien ou Justinien qu'on trouve des dispositions autorisant expressément la torture des hommes libres pour des crimes non politiques.

Pour les esclaves on suivit les règles admises sous la République et on appliqua à la torture les esclaves accusés de crimes légers aussi bien que les esclaves accusés de crimes graves. Seulement l'esclave ne pouvait être torturé que du consentement de son maître (2). Il fallait de plus que l'accusateur donnât caution pour la dépréciation que la torture pouvait faire subir à l'esclave (3). Enfin il faut dire un mot d'un cas spécial. Quand un propriétaire d'esclaves a péri de mort violente, tous ses esclaves qui ne peuvent pas justifier d'un alibi et ceux de son conjoint doivent être mis à la torture (4).

C'était le magistrat qui décidait si la torture devait

---

(1) Voy. *suprà*, 1re partie, ch. I, sect. I.

(2) ff. *De injur.*, L. 15, §§ 34 et 42.

(3) ff. *Ad leg. Jul. de adult.*, L. 27 pr., §§ 15 et 16 ; — *De quæstion.*, L. 13 ; — *De calumniat.*, L. 9.

(4) Paul. *Rec. sent.*, III, V ; — ff. *De sen. cons. Silan.*, L. 1, § 15 ; — §§ 26 à 31.

être employée; c'était lui qui fixait la durée des tourments et les questions à poser (1). La torture pouvait être renouvelée plusieurs fois (2).

M. Geib est d'avis, (il n'appuie d'ailleurs son opinion sur aucun texte), qu'on appliquait la question non pas au cours de l'audience mais avant l'ouverture des débats et dans un endroit spécialement désigné par le juge (3).

§ II.

De la preuve par témoins.

I. Les témoins régulièrement cités doivent comparaître et déposer oralement.— II. Ils prêtent serment, ils sont interrogés; par qui ? —III. Personnes incapables de témoigner; personnes indignes; témoins suspects; personnes dispensées.

I. — Ce fut un principe reconnu de tout temps que les témoins régulièrement cités devaient comparaître et déposer en public et de vive voix (4). Ce n'est que tout à fait exceptionnellement et pour des raisons de force majeure qu'un témoin pouvait être dispensé de se rendre devant le tribunal et autorisé à faire une déposition écrite (5). La déposition écrite n'avait

---

(1) ff. *De quæstion.*, L. 7.

(2) *Eod. tit.*, L. 16 pr. ; L. 18, § 1.

(3) M. Geib, *op. cit.*, p. 621.

(4) ff. *De testib.*, L. 3, § 3.

(5) *Eod. tit.*, LL. 18, 19 pr.

d'ailleurs jamais une aussi grande force probante que la déposition orale (1).

Tacite rappelle un procès dans lequel un témoin dédaigna de comparaître ; l'étonnement et l'indignation qu'il en ressent prouvent qu'un pareil fait devait être extrêmement rare. « La faveur d'Augusta, mère « de Tibère, dit Tacite, mettait Urgulanie au-dessus « des lois. Le crédit de celle-ci était si scandaleux « qu'appelée en témoignage dans une cause qui « s'instruisait devant le Sénat, elle dédaigna de s'y « rendre. Il fallut qu'un préteur alla chez elle rece- « voir sa déposition, quoique de tout temps, celles des « vestales mêmes aient été entendues au Forum et « devant le tribunal (2). »

La règle que les témoins cités devaient comparaître ne s'était appliquée sous la Réplipue qu'aux témoins cités par l'accusateur : l'accusateur seul en effet était revêtu d'une partie de la puissance publique en vertu de la *lex* que lui donnait le magistrat ; l'assignation donnée par l'accusé ne constituait qu'une simple prière, à laquelle on était libre de se rendre ou non. — Sous l'Empire ce ne fut plus l'accusateur, ce fut le magistrat qui dut citer les témoins, aussi bien ceux de la défense que ceux de l'accusation. Il en résulta que les témoins à décharge furent désormais obligés de comparaître aussi bien que les

______

(1) *Eod. tit.*, L. 3, § 4.
(2) Tacite, *Ann.*, II, 34, trad. Burnouf.

témoins à charge. Seulement il était tenu compte aux uns et aux autres des dépenses qu'entraînait pour eux la comparution et notamment de leurs frais de voyage (1).

II. — Les témoins, avant de déposer, prêtaient serment de ne dire que la vérité et de dire toute la vérité (2).

Devant les *quæstiones perpetuæ*, les questions étaient posées aux témoins par les parties elles-mêmes, et le magistrat ne faisait que maintenir l'ordre dans les débats. Cet usage se maintint assez longtemps sous l'Empire (3). — Adrien le premier prit l'habitude de poser lui-même les questions aux témoins (4). M. Geib pense que cette procédure inaugurée par Adrien ne resta pas longtemps spéciale au tribunal de l'empereur et devint rapidement la règle des autres juridictions (5). L'esclave, appelé à déposé comme témoin, doit être, c'est le principe, mis à la torture. Quant à l'homme libre il n'est permis d'employer contre lui la torture que si son témoignage est vacillant, *testimonio vacillante* (6).

III. — La loi française refuse à certaines personnes

---

(1) Voy. M. Geib, *op. cit.*, p. 622 et suiv.

(2) Voy. M. Faustin-Hélie, *op. cit.*, liv. I, ch. IV, n° 48.

(3) Pline, *Epist.*, III, 9, 24; VII, 5, 19.

(4) ff. *De testib.*, L. 3, § 3.

(5) Voy. M. Geib, *op. cit.*, p. 631.

(6) ff. *De quæstion.*, L. 15 pr.

le droit d'être entendues en justice sous la foi du serment : les unes sont écartées à cause de certaines incapacités intellectuelles ou de certaines déchéances morales, les autres à cause de leur partialité probable. Des règles analogues ont certainement été admises par les Romains, et l'on peut, avec les matériaux épars dans les écrits des juriconsultes, construire la théorie suivante :

La loi romaine reconnaît : 1° des personnes incapables ; 2° des personnes indignes d'être entendues en justice ; 3° des témoins suspects ; 4° des personnes dispensées.

1° Les personnes incapables sont :

D'abord, et cela va de soi, les personnes atteintes d'une infirmité physique ou intellectuelle ;

Les mineurs de vingt ans (1) ;

Les membres de la famille de l'accusateur (2) ;

Les défenseurs de l'accusé (3) ;

Les affranchis de l'accusé (4).

2° Les personnes indignes sont :

Ceux qui, par suite de certaines condamnations, sont déclarés *improbi* et *intestabiles* (5) ;

---

(1) ff. *De testib.*, L. 19, § 1 ; L. 20.

(2) Paul, *Rec. sent.*, V, XV, I ; — ff. *De testib.*, L. 24.

(3) ff. *De testib.*, L. 25.

(4) Paul. *Rec. sent.*, I, XII, 4 ; — V, XV, 3.

(5) ff. *De testib.*, L. 21 pr. ; *De injur.*, L. 5, §§ 9 et 10 ; *Qui testam. fac. poss.*, L. 18, § 1 ; L. 26.

Les condamnés pour crimes et les accusés de crime (1);

Les infâmes (2);

Les gladiateurs (3);

Les courtisanes (4);

Les faux témoins (5).

3° Sont rangés dans la classe des témoins suspects :

Ceux qui ont pour l'accusateur ou pour l'accusé une grande affection ou une grande haine (6):

Ceux qui sont dans la dépendance de l'accusateur ou de l'accusé (7);

Ceux qui sont dans une très grande misère (8);

4° Enfin les personnes dispensées sont :

Les proches parents et alliés de l'accusé (9);

Les vieillards, les malades, les soldats, et tous ceux qui sont empêchés par un motif de force majeure (10);

Ceux qui sont retenus par un emploi public (11);

---

(1) ff. *De test.*, L. 3, § 5.

(2) ff. *De his qui notant. infam.*, L. 1.

(3) *Eod. loc.*

(4) *Eod. loc.*

(5) *Eod. loc.*

(6) ff. *De testib.*, L. 3 pr.; L. 21, § 3.

(7) *Eod. tit.*, L. 6.

(8) *Eod. tit.*, L. 3 pr.

(9) Paul, *Rec. sent.*, V, XV, 2; — ff. *De test.*, LL. 4 et 5 ; *De grad. et affinit.*, L. 10 pr.

(10) ff. LL. 8, 19 pr.

(11) *Iisd. loc.*

Le témoignage des incapables et des indignes n'a absolument aucune valeur ; ces personnes ne doivent pas être admises à déposer. — Les personnes rangées dans la classe des témoins suspects peuvent être autorisées à déposer; le magistrat fait de leur déposition tel cas qu'il convient (1). — Quant aux personnes dispensées, aucune déchéance ne les frappe ; une faveur leur est accordée, faveur à laquelle il leur est loisible de renoncer.

§ III.

Des titres.

I. On a soutenu que sous l'Empire on ne peut prouver que par témoins. — II. Réfutation de cette opinion.

I. — Les titres, et parmi les titres les registres domestiques (2) de l'accusé avaient été admis comme mode de preuve sous la République.

En fut-il de même à l'époque que j'étudie? La négative a été soutenue, et l'on a prétendu que sous l'Em-

---

(1) Il est remarquable que la loi romaine plaçait parmi les incapables les membres de la famille de l'accusateur, les défenseurs de l'accusé et ses affranchis; il eut été plus raisonnable de placer ces personnes dans la catégorie des témoins suspects.

(2) « Sous l'Empire, l'usage de tenir des registres domestiques s'affaiblit. Outre que la production de ces registres pour établir le cens n'avait plus d'importance que pour le fisc, chacun craignait trop l'avarice impériale pour ne pas dissimuler sa fortune, et se mettre à l'abri de ces accusations qui n'étaient que des confiscations déguisées. — Je ne doute point qu'on ait agi ainsi, dès le règne de Tibère ou de Néron. » M. Laboulaye, *op. cit.*, p. 572.

7.

pire on ne peut prouver que par témoins et non par titres (1).

II. — Cette opinion est trop contraire aux renseignements que nous trouvons dans les écrits des historiens et dans ceux des jurisconsultes pour pouvoir être admise (2). Elle est surtout en opposition avec un texte de Paul, qui décide que, lorsque l'authenticité d'un titre n'est pas contestée, sa force probante est telle qu'on ne peut pas demander à faire par témoins la preuve contraire (3).

§ IV.

Des indices.

I. Les indices doivent avoir un caractère de certitude. — II. Sous cette condition, ils constituent encore à l'époque impériale un mode de preuve.

I. — J'ai dit que, sans établir une véritable théorie des preuves, la législation romaine fixa quelques règles, destinées à diriger la conscience du juge dans l'appréciation de l'innocence ou de la culpabilité. Cela est vrai, surtout du mode de preuve dont je m'occupe maintenant.

Sous la République et dans les premiers temps de

---

(1) *Sic*, Klenze, *Lehrbuch des Strafverfahren*, p. 101.

(2) Tacite, *Ann.*, II, 30; XVI, 17; — Pline, *Epist.*, III, 9; — Paul, *Rec. sent.*, V, XII, 2; — ff. *De fide instrument.*, L. 2,

(3) Paul, *Rec. sent.*, V, XV, 14.

l'Empire, le plus faible indice suffisait pour que le juge se crût autorisé à prononcer une condamnation. L'empereur Trajan, s'inspirant des principes de la morale la plus pure, estima qu'il vaut mieux laisser un crime impuni que de condamner un innocent et posa en règle que de simples soupçons ne devaient pas suffire pour fonder une condamnation (1).

II. — Est-ce à dire, que les indices n'eurent plus désormais aucune force probante ? Évidemment non ; seulement on exigea que les indices ne fussent pas douteux, qu'ils fussent aussi clairs que le jour.

SECTION IV.

De la sentence.

I. Les tribunaux criminels peuvent-ils statuer sur les faits nouveaux révélés au cours des débats. — II. Sous l'Empire, la peine est arbitraire ; le juge peut même appliquer par voie d'analogie des peines à des faits non expressément prévus par les lois, — III. Formation de l'arrêt, prononcé de l'arrêt ; l'arrêt doit-il nécessairement être motivé ? — IV. La procédure d'*ampliatio* n'existe plus sous l'Empire.

I. — Dans le droit français actuel, si, au cours des débats d'une affaire criminelle, un fait nouveau et distinct du crime est révélé, le nouveau fait doit être réservé et jugé par un jury ultérieurement réuni. Cette règle n'est qu'une application du principe ad-

---

(1) ff. *De pœn.*, L. 5 pr.

mis chez nous, que le jugement doit toujours être, en matière criminelle, précédé d'une instruction préalable.

Ce principe n'existait pas chez les Romains et il en résulta que les tribunaux criminels purent juger les personnes traduites devant eux non-seulement pour les crimes visés par l'accusation, mais encore pour tous les crimes révélés au cours des débats (1).

II. — Dans les *quæstiones perpetuæ*, les juges étaient obligés d'acquitter ou de prononcer la peine édictée par la loi. Devant les juridictions impériales au contraire la peine fut arbitraire. Plusieurs textes, il est vrai, semblent simplement établir dans la pénalité un maximum et un minimum que le juge ne peut pas dépasser (2), et, si l'on s'en tenait à ces textes, l'on pourrait être tenté d'admettre que la peine fut non pas arbitraire mais seulement flexible. Mais Ulpien est trop formel en sens contraire pour que le doute soit possible. Dans la procédure extraordinaire, dit ce jurisconsulte, le juge est libre d'infliger

______

(1) Sous l'Empire des *quæstiones perpetuæ*, il est vrai, il n'en avait pas été ainsi et l'on avait suivi une règle semblable à celle de notre droit français actuel, mais par un motif différent. En effet, chaque *quæstio* avait été instituée pour juger uns classe de crimes déterminés; il en résultait que si, au cours des débats, l'accusation portée se transformait, si la personne accusée à l'origine d'un certain fait se trouvait au cours des débats convaincue d'un autre fait, la *quæstio* devait se déclarer incompétente.

(2) ff. *De incend.*, L. 4, § 1 ; L. 12, § 1.

la peine qu'il veut. « Hodie licet ei qui extrâ ordinem
« cognoscit quam vult sententiam ferre, vel gravio-
« rem vel leviorem ; ita tamen ut in utroque modo
« rationem non excedat (1). »

Les magistrats de l'époque impériale n'eurent pas
seulement le droit de fixer eux-mêmes les peines ; il
leur fut permis d'appliquer, par voie d'analogie, des
peines à des faits non prévus par les lois. C'est
ainsi que le juge peut infliger aux *expilatores* qui
sont *atrociores fures* la peine qu'il croira nécessaire, bien que les rescrits impériaux ne portent aucune peine spéciale contre ce genre de voleurs. C'est
ainsi encore que le juge peut condamner à des peines
afflictives les personnes coupables d'*injuria* ou celles
qui ont intenté injustement une action d'injure (2).

Sans doute, il est toujours dangereux de laisser le
soin de faire la loi à celui qui est chargé de l'appliquer. Cependant cette liberté, accordée aux juges,
ne donna pas lieu à d'aussi graves inconvénients
qu'on pouvait croire. Il faut se rappeler en effet que
les Romains eurent, même à l'époque de la décadence, le grand respect des précédents : les décisions
des juges furent respectées par leurs successeurs à
l'égal d'une loi écrite ; en un mot, sous l'Empire la
jurisprudence est, autant et plus que la législation,
une source du droit pénal.

---

(1) ff. *De pœnis*, L. 13.
(2) ff. *De effractor.*, L, § 1 ; — *De injur.*, LL. 43 et 45.

III. — La sentence n'est plus formée au moyen d'un vote. En effet, il n'y a plus de jurés ; il n'y a qu'un magistrat, entouré de conseillers au sens exact du mot, c'est-à-dire d'assesseurs qui n'ont pas voix délibérative.

Le magistrat rend immédiatement l'arrêt ou il en renvoie le prononcé jusqu'à ce qu'il ait pris l'avis de ses assesseurs (1).

Avant de prononcer l'arrêt, il doit le rédiger par écrit (2).

Généralement le juge motive son arrêt (3), mais il n'y est pas obligé (4).

Le magistrat doit prononcer une condamnation ou un acquittement ; il ne lui est pas permis de refuser de se prononcer sous prétexte qu'il n'est pas assez éclairé ; en d'autres termes la procédure de l'*ampliatio* a disparu, et cela s'explique. Les motifs qui l'avaient rendue nécessaire au temps des *quæstiones perpetuæ*, n'existent plus : la réplique et la duplique permettent aux avocats de plaider leur cause d'une façon complète ; le magistrat peut à tout instant de l'audience poser des questions soit aux parties, soit aux témoins ; une seconde instance ne ferait pas une plus grande lumière (5).

---

(1) ff. *De re judic.*, L 38.

(2) M. Geib, *op. cit.*, p. 665.

(3) ff. *De pœnis*, L. 40 ; *Quæ sent. sine appell.*, L. 1, §§ 1 et 2.

(4) ff. *De re judic.*, L. 59 pr.

(5) *Sic*, M. Geib, *op. cit.*, p. 665 et suiv. — Voy. les autorités en sens contraire citées par l'auteur dans les notes 482 et 484.

CHAPITRE IV.

DE L'APPEL.

I. Principes généraux de l'appel ; l'appel est établi moins dans l'intérêt de l'accusé que contre le juge ; le droit d'appel est extrêmement étendu. — II. De la procédure d'appel.

I. — « L'ancienne *provocatio* était une garantie en « faveur de l'accusé. L'appel sous l'Empire fut un « moyen hiérarchique, constitué dans l'intérêt de « l'empereur plutôt que dans celui de l'accusé ; « l'appel fut dirigé contre le juge (1). »

Si tel fut le caractère de l'appel sous l'Empire, on comprend qu'au prince seul dut appartenir le droit de connaître des sentences des magistrats, ses subordonnés, et de les réformer.

Le Sénat est la seule juridiction qui ait eu en concurrence avec le prince, et encore seulement depuis le règne de Néron, un pouvoir propre et indépendant comme tribunal d'appel (2).

Du reste les empereurs furent obligés de déléguer leurs pouvoirs à cause du grand nombre des appels. Dès Auguste le préfet de la ville obtint une semblable délégation (3).

L'empereur n'en conservait pas moins le droit

---

(1) M. Laboulaye, *op. cit.*, p. 429.

(2) Suétone, *Néron*, 17 ; — Tacite, *Ann.*, XIV, 28.

(3) Suétone, *Aug.*, 33.

d'examiner et de réformer les sentences rendues en appel par les délégués, et il pouvait ainsi y avoir non-seulement deux mais trois instances.

Pendant les deux premiers siècles de l'Empire, il fut permis de former appel contre toute décision, de quelque tribunal que cette décision émanât et quelque légère que fut la peine prononcée (1).

Ce n'était pas seulement le condamné qui pouvait relever appel, c'était aussi l'accusateur (2). En cas de condamnation à mort, ce droit appartenait aux parents du condamné et à tous les citoyens agissant de leur propre chef sans mandat du condamné et même contre son gré (3).

II. — Il faut dire un mot maintenant de la procédure suivie dans l'instance d'appel.

L'appel est formé de la manière la plus simple. Il n'y a qu'une seule formalité à remplir; c'est de déclarer oralement ou par écrit au juge de première instance qu'on fait appel (4).

Le condamné n'a qu'un jour franc, les autres personnes n'ont que deux jours francs pour faire cette déclaration (5). Ce délai passé, la sentence acquiert force de chose jugée.

---

(1) ff. *Quis a quo appell.*, L. 2. — Sous Constantin et ses successeurs, la législation détermina un assez grand nombre de cas, dans lesquels l'appel n'était pas admis.

(2) ff. *De jur. fisc.*, L. 9.

(3) ff. *De appell.*, L. 6.

(4) *Eod. tit.*, L. 2.

(5) *Quando appelland. sit.*, L. 1, §§ 5, 6 et 12; L. 2, § 3.

L'appel est suspensif (1) ; le magistrat qui, au mépris d'une déclaration d'appel, fait exécuter la sentence par lui rendue, se rend coupable du crime de violence (2).

La procédure principale est la même que celle suivie en première instance soit quant aux plaidoiries, soit quant à l'administration des preuves, soit quant à la formation de l'arrêt.

La juridiction d'appel est saisie par le juge de première instance, qui lui transmet les pièces relatant la sentence attaquée et l'appel relevé.

Si la poursuite n'a pas eu lieu d'office et par les soins du magistrat, l'accusateur est obligé de poursuivre son accusation en appel, même si l'appel n'a pas été formé par lui. S'il se désiste, il est passible de la même peine qui l'aurait frappé en première instance pour la même faute (3).

---

(1) *Nihil innov. appell. interposit.*, L. 1 ; — *Qui testam. fac. poss.*, L. 13, § 2 ; — *De injust. rupt. irrit. facto testam.*, L. 6, § 8 ; — *De pœnis*, L. 2, § 2.

(2) Paul, *Rec. sent.*, V, XXVI, 1. — ff. *Ad leg. Jul. de vi publ.*, L. 7.

(3) *Ad sen. cons. Turpillian.*, L. 1, § 4. — Voy. sur tout ce qui concerne l'appel, M. Geib, *op. cit.*, p. 675 et suiv.

CHAPITRE V.

DE LA CONTUMACE.

I. Définition de la contumace. — II. Règles générales de la procédure par contumace en droit français ; elles sont presque toutes empruntées au droit romain. — III. Inconnue sous la République, la procédure par contumace ne fut introduite que sous les Antonins ; phases diverses de cette procédure.

I. — La contumace est l'état d'un accusé qui, ayant été cité, s'est abstenu de comparaître et a persisté dans son abstention malgré un avertissement spécial et formel de la justice.

La loi romaine a eu l'honneur d'être, en cette matière, suivie par la loi française et la procédure par contumace du droit criminel français ne diffère pas sensiblement de la procédure par contumace des Romains.

II. — Chez nous lorsqu'une personne inculpée de crime (la procédure par contumace ne s'applique qu'en matière criminelle) ne défère pas aux réquisitions de la justice, une grande publicité est donnée à la citation, un certain délai est accordé à l'accusé pour se présenter. Si l'accusé laisse expirer ce délai, il devient techniquement contumace ; ses biens sont mis sous séquestre et il est jugé par défaut. Mais si dans l'avenir il se représente, la condamnation tombe, le sequestre des biens est levé et l'accusé est jugé de nouveau, à moins qu'il n'ait laissé passer le temps fixé pour la prescription de la peine. Dans ce dernier cas aucun des effets que je viens d'indiquer ne se produit, sauf le levé du séquestre.

J'ai dit que presque toutes les règles de notre procédure par contumace ont été empruntées au droit romain. On va pouvoir en juger.

III. — Devant les *quæstiones perpetuæ* le défaut de l'accusé n'empêchait pas qu'un jugement fût rendu et les effets de ce jugement étaient identiques à ceux d'un jugement contradictoire. Une règle absolument opposée fut admise sous l'Empire, du moins à partir des Antonins. On pensa qu'il était contraire à la justice de frapper un accusé sans l'entendre et l'on décida qu'il n'y aurait plus de jugements crimiminels par défaut (1).

On comprit cependant qu'il importe de ne pas laisser un accusé braver impunément les ordres de la justice.

C'est pourquoi on imagina la procédure par contumace.

Il faut remarquer d'abord qu'on n'employait cette procédure que dans les affaires pouvant entraîner des peines très-graves, comme la peine de mort, les travaux publics, la déportation. Au contraire si la peine à prononcer n'était qu'une peine relativement légère, comme une amende ou même la relé-

---

(1) ff. *De pœn.*, L. 5 pr. ; — *De requirend. vel absentib. damn.*, L. 1 pr. ; — Paul, *Rec. sent.*, V, V, 9.

gation, l'affaire pouvait être jugée par défaut (1).

Un crime très-grave a été commis. L'accusé cité ne s'est pas présenté. La justice va s'efforcer d'obtenir sa comparution.

Quels moyens emploiera-t-elle pour cela ?

Le magistrat commence par rendre un édit ordonnant à l'accusé de se représenter ; les magistrats du lieu où l'accusé a son domicile sont prévenus (2).

Les biens de l'accusé sont mis sous séquestre (3). Un délai d'une année est accordé à l'accusé pour se représenter (4). S'il se représente dans ce délai, le fisc n'a rien à prétendre sur ses biens (5). Si au contraire il laisse passer ce délai sans comparaître, ses biens, qui avaient d'abord été seulement mis sous sequestre, sont définitivement confisqués (6).

Le délai court du jour où l'édit du magistrat, ordonnant à l'accusé de se représenter, a été publié (7).

Il est à remarquer que, à la différence de ce qui se passe chez nous, aucune condamnation même provisoire n'était prononcée contre le contumax. Par contre, la confiscation était définitive, et ses biens n'étaient pas rendus à l'accusé, quand il comparaissait après le délai d'un an.

---

(1) ff. *De pœn.*, L. 5 pr.; — *De requir. vel absentib. damn.*, L. 1, § 1.
(2) ff. *De requir. vel absent. damn.*, L. 1, § 1.
(3) *Eod. tit.*, L. 5 pr.
(4) *Eod. tit.*, L. 1, § 3.
(5) *Eod. tit.*, L. 2, § 4 ; L. 5 pr.
(6) *Eod. tit.*, L. 2 pr.; L. 5 pr.
(7) *Eod. tit.*, L. 4 pr.

CHAPITRE VI.

DE QUELQUES MOYENS PARTICULIERS D'ARRÊTER UNE PROCÉ-
DURE CRIMINELLE COMMENCÉE OU DE FAIRE CESSER L'EFFET
D'UNE CONDAMNATION PRONONCÉE.

I. L'*abolitio publica*; elle est décidée par le Sénat. — II. De la grâce (*venia, indulgentia*); de l'amnistie (*indulgentia generalis*); la grâce et l'amnistie émanent du prince.

I. — L'*abolitio publica* est une mesure ayant pour effet de faire considérer comme non avenues les procédures criminelles commencées au moment où l'*abolitio* est prononcée. Le droit de prononcer l'*abolitio publica* appartint au Sénat, du moins tant que ce corps conserva quelque importance (1).

Le Sénat a l'habitude de prendre cette mesure lors des grandes fêtes religieuses, ou lorsqu'il s'agit de célébrer une victoire, ou encore à l'occasion de l'anniversaire de la naissance ou de l'avénement du prince (2); le but est de permettre à tout le monde, aux prévenus comme aux autres, de prendre part à l'allégresse générale.

Mais une fois que le temps pour lequel l'*abolitio* a été accordée est écoulé, l'ancien accusateur ou un

---

(1) ff. *De custod. reor.*, L. 2, § 1; — *Ad sen. cons. Turpill.*, L. 12.

(2) *Eod. tit.*, LL. 8, 9 et 12.

tiers peut reprendre l'accusation; il faut seulement que l'on agisse au plus tard dans les trente jours (1).

II. — La grâce *(venia, indulgentia)* et l'amnistie *(indulgentia generalis)* émanent du prince, et les effets de cette mesure sont bien plus considérables que ceux résultant de l'*abolitio publica*.

Les empereurs, qui étaient revêtus de la puissance tribunicienne (2), ne se contentèrent pas d'arrêter une procédure commencée. Ils s'attribuèrent le droit d'abolir toute poursuite dans l'avenir, c'est-à-dire le droit de faire grâce aux personnes accusées ou convaincues d'un crime. On trouve dans les historiens de nombreux exemples de l'exercice du droit de grâce sous l'Empire (3).

Quelquefois le prince, à l'occasion d'un événement heureux, consentait à couvrir du voile de l'oubli tous les faits délictueux commis pendant un espace de temps déterminé; cette mesure, *(indulgentia generalis)*, qui effaçait jusqu'au crime même, peut être très-exactement comparée à l'amnistie de notre droit moderne (4).

---

(1) Paul, *Rec. sent.*, V, XVII, 2; — *Ad sen. cons. Turpill.*, L. 7 pr.; L. 10, § 2; L. 15, § 6; L. 17.

(2) Voy. *suprà*, 1re partie, ch. II, sect. II.

(3) Voy. Tacite, *Ann.*, II, 50; III, 70; IV, 29; XIII, 43; — Suétone, *Aug.*, 51; *Tib.*, 9.

(4) Voy. M. Geib, *op. cit.*, p. 571.

TABLE DES MATIÈRES.

DES CAS OU L'EXERCICE DE L'ACTION PUBLIQUE

EST SUBORDONNÉ

A LA PLAINTE DE LA PARTIE LÉSÉE

BIBLIOTHÈQUE NATIONALE
R. F.
IMPRIMÉS

INTRODUCTION.

Toute infraction à la loi pénale est la cause d'un trouble social en même temps qu'elle est, du moins le plus souvent, la cause d'un dommage privé.

Deux intérêts indépendants l'un de l'autre ayant été lésés, il est juste et naturel que deux actions naissent, indépendantes l'une de l'autre : l'action civile aura pour but la réparation du dommage privé, l'action publique la réparation du dommage social. Ces deux actions doivent être indépendantes l'une de l'autre : il importe, en effet, que la négligence, l'inertie, la timidité ou même le manque d'intérêt de la partie privée ne puisse entraver le cours de la justice et mettre obstacle à l'application de la peine, qui ne constitue pas seulement une réparation morale, mais qui est aussi destinée à inspirer une crainte salutaire à ceux qui seraient tentés de faillir.

Ces idées sont résumées dans les art. 1 et 4 du

Code d'instruction criminelle, qui décident d'une part que seuls les magistrats du ministère public, représentants de la société, peuvent exercer l'action publique, et d'autre part que l'action publique ne peut pas être arrêtée par la renonciation à l'action civile du particulier lésé.

Le ministère public peut donc poursuivre toute infraction à la loi pénale, alors même que la victime garde le silence ; telle est la règle ; et le fondement de cette règle c'est que, contrairement à ce qu'ont autrefois pensé les Romains et l'ancienne France, contrairement à ce que pensent les Anglais et les Allemands (1), il n'y a pas, aux yeux de notre loi actuelle, de délit, si léger qu'il soit, qui ne trouble l'ordre public ; c'est en un mot qu'il n'y a plus chez nous de délits privés.

Si tel est le fondement de la règle, il semble que la conséquence s'imposait de n'y admettre aucune exception. Cette conséquence eût été inexacte, et c'est avec raison que le législateur français ne s'y est pas arrêté.

Cette idée que même les législations qui admettent de la façon la plus large le principe de l'indépendance de l'action publique doivent cependant

---

(1) La législation anglaise n'admet la poursuite d'office que pour les crimes très graves. Sans aller aussi loin, le Code pénal allemand de 1870 a établi un assez grand nombre de cas où la poursuite ne peut avoir lieu que sur la plainte de la partie lésée ; et il admet que le retrait de la plainte arrête la poursuite.

quelquefois faire fléchir la rigueur de ce principe,
est généralement considérée comme juste. Mais si les
jurisconsultes sont d'accord pour admettre l'exception, ils se séparent quand il s'agit de fixer la limite
où elle doit s'arrêter. Les uns sont d'avis que la
plainte devrait être la condition essentielle de la
poursuite toutes les fois que le délit porte atteinte à
des droits que la partie lésée pouvait aliéner ; les
autres pensent que la société doit provisoirement
s'abstenir quand il s'agit de délits qui peuvent donner
lieu de pénétrer dans les secrets de la famille, ou
dont l'impunité, s'il n'est pas porté plainte, n'entraîne pas un péril social, et qu'il faut ranger dans
cette dernière catégorie toutes les offenses qui ne
sont pas de nature à être réitérées. M. Faustin-Hélie
repousse avec raison l'une et l'autre de ces théo-
ries ; selon lui, « la limite de l'exception doit être
« puisée non dans les règles du droit, mais dans
« les considérations plus flexibles de l'utilité so-
« ciale. L'action publique peut s'arrêter là où le
« mal causé par le délit est secondaire, où la pour-
« suite aurait pour la société elle-même un péril
« réel (1). »

C'est à cette dernière considération qu'il faut, je
crois, s'arrêter. L'exception à la règle de l'indépendance de l'action publique est justifiée dans tous les
cas où la poursuite compromettrait plus gravement

______

(1) M. Faustin-Hélie, *Traité de l'instruction criminelle,* n° 749.

l'ordre social que ne le fait l'impunité du coupable; elle ne l'est que dans ces cas-là.

La loi française a donc bien fait de subordonner à la plainte de la partie lésée la poursuite des délits suivants :

Adultère de la femme; adultère du mari, quand celui-ci a entretenu sa concubine dans la maison conjugale (art. 337 et 339 du Code pénal);

Rapt (art. 357 du Code pénal.)

Diffamation et injure (art. 47 et 60 de la loi du 29 juillet 1881);

Fait de chasse sans autorisation sur le terrain d'autrui (art. 26, alinéa 2, de la loi du 3 mars 1844 sur la police de la chasse);

Crimes et délits des fournisseurs des armées de terre et de mer (art. 430 à 433 du Code pénal);

On eût dû au contraire laisser dans la règle générale :

La contrefaçon des inventions brevetables (art. 45 de la loi du 5 juillet 1844 sur les brevets d'invention);

Les délits commis par un Français à l'étranger (art. 5, alinéa 4, du Code d'instruction criminelle).

On vient de voir quels sont les délits que la loi a cru devoir ranger dans l'exception; elle a écrit pour chacun d'eux un texte spécial, et cela était nécessaire. Les exceptions sont en effet, il ne faut pas l'oublier, de droit étroit; il n'est pas permis à l'interprète en pareille matière de procéder par assimilation, et de placer à côté des cas exceptionnels formellement prévus d'autres cas plus ou moins analogues.

Aussi doit-on s'étonner qu'on ait songé à soutenir que les coups et blessures portés par un mari à sa femme, ou par un père à ses enfants, ne peuvent pas être poursuivis d'office par le ministère public, alors que l'art. 311 du Code pénal, qui réprime les coups, blessures et autres violences et voies de fait, ne contient aucune exception concernant le père ou le mari (1).

De même il n'est pas possible d'admettre l'opinion de M. Legraverend que, en principe, les délits et contraventions commis contre les propriétés particulières, prévus par des lois spéciales et non par le Code pénal, ne peuvent être poursuivis que sur la plainte du propriétaire lésé (2). On a, en effet, très bien répondu à cette affirmation « que la spécialité « des lois qui prévoient certains délits ne doit point « influer sur le libre exercice de l'action publique, « attendu que les dispositions préliminaires du Code « d'instruction criminelle, qui forment le droit « commun de la France et s'appliquent par con- « séquent à la répression non-seulement des délits « punis par le Code pénal, mais encore de tous les « faits punissables, contiennent un article ainsi « conçu : La renonciation à l'action civile ne peut

---

(1) M. Faustin-Hélie, *op. cit.*, n° 743.
(2) M. Legraverend, *Législation criminelle*, t. I, p. 55.

« arrêter ni suspendre l'exercice de l'action publi-
« que (1). »

Cette règle générale de l'indépendance de l'action
publique ne doit donc fléchir, on ne saurait trop le
rappeler, que dans les cas formellement indiqués
par la loi.

Ces cas ayant été limitativement déterminés, il
faut voir maintenant jusqu'à quel point l'action du
ministère public est alors paralysée par la volonté de
la partie privée.

Il est certain que la partie privée est absolument
maîtresse de donner l'impulsion à la poursuite ou de
l'arrêter à jamais. Tant qu'elle ne porte pas plainte,
le ministère public a les mains liées. Au contraire,
dès que plainte a été rendue par la partie lésée, le
ministère public reprend le plein et entier exercice
de son droit ; on sort de l'exception pour rentrer dans
la règle ; le concours de la partie privée n'est plus
nécessaire, et sa volonté d'arrêter les poursuites serait désormais sans effet. « La règle de l'indépen-
« dance des deux actions, dit M. Boitard, la règle qui
« permet, qui commande même au ministère public
« de poursuivre l'application de la peine partout
« où il voit un scandale à punir, un exemple à don-
« ner, un désordre à réparer, cette règle souffre ex-
« ception dans les textes cités en ce sens que le mi-

---

(1) M. Mangin, *Traité de l'action publique et de l'action civile
en matière criminelle*, nº 161.

« nistère public n'a droit d'intenter l'action publique
« que sur la plainte de la partie lésée ; mais, cette
« plainte une fois intervenue, l'obstacle a disparu, le
« ministère public a repris son entière liberté d'ac-
« tion, sa plénitude de pouvoir. Pourrait-il dépendre
« de la volonté, du caprice d'un particulier d'anéan-
« tir ensuite cette action ? Le fait coupable une fois
« déclaré, le scandale une fois mis au jour, pourrait-
« on le laisser impuni (1). »

M. Faustin-Hélie dit de même : « La partie lésée a
« le droit de ne pas porter plainte, mais c'est là tout
« son droit ; elle peut suspendre et empêcher la for-
« mation de la poursuite, c'est là tout ce qu'elle peut.
« Elle épuise son pouvoir en formulant sa plainte.
« Le premier acte de la poursuite ne peut s'accom-
« plir que sous une impulsion, mais cet acte entraîne
« après lui tous les actes de la procédure, sans qu'il
« soit besoin d'une impulsion nouvelle. Le ministère
« public peut agir sans aucun concours, sans aucune
« assistance. Il importe peu que le plaignant, après
« avoir dénoncé le délit, ne s'associe pas à la pour-
« suite, il importe peu qu'il déserte la cause et de-
« meure à l'écart : l'action qu'il a provoquée ne lui
« appartient pas ; le ministère public, dès qu'il en est
« saisi, l'exerce seul et ne doit consulter que les in-
« térêts de l'ordre qui lui sont confiés..... L'action
« publique, une fois mise en mouvement, ne dépend

---

(1) M. Boitard, *Leçons de droit criminel*, 10e édit., n° 517.

« sous aucun rapport de la présence ou de l'appui de
« la partie qui a provoqué son exercice ; elle n'est
« point l'exécution d'un mandat qui aurait besoin
« d'être renouvelé à chaque acte nouveau ; elle puise
« en elle-même le droit en vertu duquel elle pro-
« cède (1). »

Ces raisons me paraissent si concluantes, qu'il
faut, je crois, décider d'une façon absolue que le
désistement du plaignant n'a jamais pour effet d'arrêter la poursuite, à moins que le contraire ne soit
clairement énoncé dans un texte de loi formel. Or,
la diffamation est le seul délit relativement auquel
un pareil texte existe. Il en résulte que pour tous les
autres délits, même pour le délit d'adultère, les poursuites peuvent continuer alors même que la plainte
est retirée.

Avant de terminer ces observations préliminaires,
il est encore un point qu'il importe d'examiner. Dans
certains cas, ai-je dit, cas qui ont été énumérés plus
haut, le ministère public ne peut agir que sur la
plainte de la partie lésée. Mais dans quelles formes
cette plainte doit-elle intervenir, voilà ce sur quoi on
n'est pas d'accord.

En droit commun, lorsqu'une personne lésée par
un fait délictueux veut porter plainte, certaines formalités lui sont imposées : la plainte doit être déposée
entre les mains du procureur de la République et de

---

(1) M. Faustin-Hélie, *op. cit.*, n° 757 *passim*.

ses auxiliaires ou du juge d'instruction (art. 30, 48, 50 et 63); elle doit être rédigée par le plaignant ou par un mandataire spécial, ou par le magistrat qui la reçoit; elle doit être signée à chaque feuille par le magistrat et le plaignant ou son mandataire (art. 31 et 65).

Sans entrer dans le détail des motifs qui ont conduit le législateur à imposer au plaignant l'emploi de ces formes, on peut dire d'une façon générale que le but a été d'empêcher, dans la mesure du possible, les plaintes injustes ou faites à la légère.

Il semble qu'il n'est pas moins nécessaire de viser ce but dans les cas d'adultère, de rapt et des autres délits qui ne peuvent être poursuivis d'office.

M. Mangin pense cependant qu'il y a plainte dans le sens de la loi dès que celui qui a souffert réclame une réparation, parce que « si le ministère public « est obligé de garder le silence, ce n'est qu'autant « que la partie lésée ne réclame point, la loi suppo- « sant alors ou que le délit n'existe pas ou que la « partie préfère en souffrir, plutôt que s'exposer aux « conséquences souvent fâcheuses d'un débat judi- « ciaire; » mais, ajoute M. Mangin, dès l'instant que la partie lésée réclame, peu importe que cette réclamation résulte d'une plainte dans le sens techni- que du mot, ou d'une lettre adressée au procureur de la République, ou d'un procès civil intenté (1).

---

(1) M. Mangin, *op. cit.*, n° 132.

Cette manière de voir est-elle exacte ? Il est permis d'en douter et je crois qu'il est plus sûr de décider que toute plainte, aussi bien la plainte qui ouvre au ministère public le droit de poursuivre que la plainte qui l'informe simplement d'un délit commis, doit être faite conformément aux règles ordinaires du Code d'instruction criminelle, sauf les cas très rares où une loi formelle en a décidé autrement (1). A l'appui de cette opinion on fait remarquer que l'application des règles du Code d'instruction criminelle est encore plus nécessaire ici que dans les délits qui peuvent être poursuivis d'office ; que, dans ce dernier cas l'action publique pouvant librement se mouvoir sans être provoquée par une plainte, il s'ensuit que la validité de la procédure est indépendante des irrégularités de cette plainte, irrégularités qui sont couvertes par l'action publique ; que, au contraire, lorsque la poursuite puise toute sa validité dans la plainte, il est nécessaire que cet acte, base unique de l'action, soit régulier, et constate la volonté formelle du plaignant. D'ailleurs n'est-il pas désirable quand il s'agit par exemple d'une poursuite en adultère ou en rapt, que l'attention du mari ou des parents de la jeune fille soit appelée d'une façon très-sérieuse sur la gravité de l'acte qu'ils vont faire (2).

---

(1) Voyez *infra*, chap. III, sect. 1 et chap. V.

(2) *Sic*, M. Garnot, *Commentaire sur le Code pénal*, art. 338 ;— M. Faustin-Hélie, *op. cit.*, nᵒˢ 751 et 752.

Telles sont les idées préliminaires qu'il importait d'exposer tout d'abord. Il faut maintenant passer à l'étude détaillée de chacun des cas où le législateur a dérogé aux principaux généraux de la poursuite et a subordonné l'action du ministère public à la plainte de la partie lésée.

CHAPITRE PREMIER.

DE L'ADULTÈRE.

SECTION PREMIÈRE.

Du caractère du délit d'adultère.

I. A Rome et dans l'ancien droit français, l'adultère avait le caractère de délit public. — II. Il en est de même aujourd'hui ; importance de cette observation. — III. L'époux outragé a seul qualité pour donner l'impulsion à l'action publique ; motifs de cette exception aux règles ordinaires de l'action publique. — IV. La loi punit le simple adultère de la femme ; elle ne punit l'adultère du mari, que si celui-ci a entretenu sa concubine dans la maison conjugale ; raisons de cette différence.

I. — La famille étant le fondement de la société, le mariage qui la crée devait naturellement être l'objet de la vigilante sollicitude du législateur. La violation de la foi conjugale n'est pas seulement une faute envers l'époux outragé ; par le trouble qu'elle apporte à l'ordre social, elle constitue un délit public que la loi pénale doit réprimer.

Telle a été sur l'adultère, au moins sur l'adultère commis par la femme, l'opinion de tous les peuples cultivés, des Egyptiens, des Juifs, des Athéniens. A Rome, à l'époque classique, le droit d'accusation appartenait à tous les citoyens aussi bien contre le crime d'adultère que contre les autres crimes publics (1).

____

(1) Le mari et le père avaient cependant un droit de préférence pendant soixante jours, après le divorce prononcé (aucune action ne

Dans l'ancien droit français, tant que la répression ne reposa que sur l'idée de vengeance, l'adultère ne donna lieu, comme tous les autres délits, qu'à une compensation en faveur de la partie lésée. « Que si quelqu'un, dit une loi de Dagobert, prend « la femme libre d'un autre homme, il arrange cette « affaire avec le mari et lui paye 160 écus. » Mais à mesure que le temps marche et que les idées morales se développent, à côté de l'indemnité apparaît la peine, et un capitulaire de Charlemagne décide « que le ravisseur doit, indépendamment des répa- « rations à la partie lésée payer à l'Etat une amende « de 60 écus. » Puis la répression devient plus rigoureuse : la femme adultère est punie du fouet et de l'amende (ordonnance de 1537, art. I et ordonnance de 1632, art. II). — Les parlements, plus sévères que la loi, prononcent même quelquefois la peine capitale. Quant au mari adultère « la coustume est « le condamner à faire amende honorable, teste et « pieds nudz, en chemise, la corde au col, tenant « entre les mains une torche allumée de certain prix, « et à certain jour et lieu, à genoux, dire et déclarer « à haute voix que follement, témérairement, mali-

---

pouvait être intentée contre la femme, tant que le mariage subsistait). Après ce délai, si le mari gardait le silence, tout citoyen pouvait se porter accusateur. Constantin renferma le droit d'accusation dans la famille même ; Justinien ne le permit en dehors du mari qu'au père et à l'oncle (Voy. le titre *Ad. leg. Jul. de adulteriis* au *ff* et au *c*).

— 14 —

« cieusement et audacieusement, il a commis adul-
« tère, qu'il s'en repend et requiert pardon et mercy
« à Dieu, au roy, justice, et est condamné, outre
« plus, en amende profitable envers le roy (1). »

On le voit, l'adultère fut dans l'ancienne France
ce qu'il avait été à Rome, un délit public, et un délit
public d'une extrême gravité?

II. — En est-il de même aujourd'hui, ou faut-il
dire au contraire que, à l'époque actuelle, la société
s'est désintéressée de la répression des adultères et
que c'est l'époux outragé seul qui a qualité pour
venger son injure? Faut-il dire que la loi qui ne
connaît plus de délits privés a fait une exception
pour l'adultère?

Pour nier que l'adultère ait aujourd'hui le caractère de délit public on peut invoquer les arguments
suivants (2) :

L'époux outragé a seul qualité pour donner l'impulsion à l'action publique. S'il se tait, s'il pardonne,
l'impunité du coupable est assurée. N'est-ce pas là
le caractère essentiel du délit privé? Je n'ai qu'un
mot à répondre : à Rome et dans l'ancien droit,
l'adultère qui était rangé dans la classe des délits

____

(1) Durcet. Cité par M. Morin, *Dictionnaire de droit criminel*,
vº ADULTÈRE. — Voyez sur l'histoire de l'adultère dans l'antiquité et
dans les temps modernes, M. Victor Sièye, *Traité sur l'adultère*,
Paris, 1875.

(2) Voy. M. Morin, *loc. cit.*

publics ne pouvait cependant être poursuivi que par
la partie lésée ou par les plus proches parents.

L'orateur du Gouvernement a dit dans l'exposé
des motifs du projet qui est devenu la loi sur l'adultère « que l'adultère est moins un délit contre
« la société que contre l'époux qu'il blesse dans son
« amour-propre, sa propriété, son amour. » Il est
certain que, séparées du reste du discours, ces paroles
sembleraient indiquer que, dans l'esprit du législa-
lateur, l'adultère a plutôt le caractère de délit privé
que de délit public. Il suffira de citer le passage
exact et entier de l'exposé des motifs pour montrer
que ce n'est là qu'une fausse apparence. « Il est, di-
« sait M. de Montseignat, il est une infraction aux
« mœurs moins publique que la prostitution érigée
« en métier, mais presque aussi coupable ; si elle
« ne suppose pas des habitudes aussi dépravées, elle
« présente la violation de plus de devoirs : c'est
« l'adultère. Placé dans tous les codes au nombre des
« plus graves attentats aux mœurs, à la honte de la
« morale l'opinion semble excuser ce que la loi doit
« punir : une espèce d'intérêt accompagne le cou-
« pable ; les railleries poursuivent la victime. Cette
« contradiction entre l'opinion et la loi a forcé le légis-
« lateur à faire descendre dans la classe des délits
« ce qu'il n'était pas en sa puissance de mettre au
« rang des crimes. *Sans doute, ce délit porte atteinte*
« *à la sainteté du mariage que la société doit pro-*
« *téger et garantir;* mais sous tout autre rapport,

« l'adultère est moins un délit contre la société que
« contre l'époux… etc. »

L'adultère n'est plus un crime, c'est un délit ; voilà
le point qu'a voulu mettre en lumière M. de Montseignat ; ce n'est qu'un délit, mais ce n'est pas un
délit privé, et il faut dire avec M. Faustin-Hélie
que « si l'adultère est un délit, ce n'est pas parce
« qu'il blesse les droits du mari, c'est parce qu'il
« contient la violation du devoir et que cette infrac-
« tion jette le trouble dans les rapports qui consti-
« tuent l'ordre social (1). »

Que telle ait été la pensée qui a dirigé le législateur,
je le crois et il me semble difficile de penser autrement si l'on veut bien s'arrêter un instant aux considérations suivantes :

1° Jamais la loi n'inflige de peines dans un intérêt
autre que l'intérêt général ; or, l'art. 337 punit l'adultère de la femme d'un emprisonnement de trois mois
à deux ans, l'art. 339 punit l'adultère du mari, qui a
entretenu sa concubine dans la maison conjugale,
d'une amende de cent francs à deux mille francs.

2° Les articles 337 et 339 qui punissent l'adultère
n'occupent pas une place spéciale dans le Code pénal ; ils se trouvent dans la même section que les
dispositions qui punissent les autres attentats aux
mœurs ; attentats qui sont bien, personne n'y contre-
dit, des délits publics.

____

(1) M. Faustin-Hélie, *op. cit.*, n° 762, *in fine*.

3° Quand le mari, au lieu de saisir la juridiction correctionnelle, porte son acte devant la juridiction civile et demande la séparation de corps, le ministère public, représentant de la société, doit d'office requérir contre la femme convaincue d'adultère la peine de l'emprisonnement (Code civil, art. 308), alors même que le mari déclarerait expressément qu'il désire que sa femme ne soit pas punie.

L'adultère est donc considéré par la loi, j'espère du moins l'avoir établi, non pas comme un simple délit privé blessant uniquement l'époux outragé, mais comme un délit public compromettant l'ordre social.

Cette discussion ne présente pas un intérêt purement spéculatif; si j'y ai autant insisté, c'est que la conclusion à laquelle je suis arrivé entraîne nécessairement la solution d'un grand nombre de questions fort importantes que j'examinerai tout à l'heure en détail (1), mais qui peuvent dès maintenant être résumées dans celle-ci : l'impulsion ayant été une fois donnée à l'action publique par la plainte du mari, le ministère public peut-il désormais dans l'exercice de l'action se passer du concours du mari?

III. — On a vu tout à l'heure que l'époux outragé a seul qualité pour mettre en mouvement l'action publique contre l'époux coupable. Cette disposition est-elle bonne? Oui sans aucun doute, et de toutes

____

(1) Voy. *infra*, sect. II, § 2.

les exceptions au principe que la société n'a pas à attendre, pour poursuivre les attentats contre l'ordre social, la plainte de la partie lésée, celle-ci est assurément la plus facile à justifier. Le législateur de 1808 s'est trouvé en présence de ces deux considérations; il importe à la société que les infractions à l'ordre social ne restent pas impunies, mais il lui importe plus encore que la paix règne dans les familles, et que les unions consacrées par la loi subsistent, tant qu'il n'y a pas à cela une impossibilité absolue.

Il n'y avait pour la loi qu'un parti à prendre, punir l'adultère quand il est révélé par l'époux outragé, feindre de l'ignorer si la partie lésée garde elle-même le silence.

En effet, sans penser comme Tartufe, « que ce n'est « pas pécher que pécher en silence », on peut affirmer que, en pareille matière, le scandale résultant de la révélation de la faute est plus fâcheux que la faute elle-même.

Le législateur a donc eu raison de ne pas permettre au ministère public de poursuivre d'office le délit d'adultère. Quelques personnes regrettent que cette règle soit générale et ne reçoive pas exception au cas même où le mari se tait non par crainte du scandale, non par respect pour ses enfants, mais par calcul et par intérêt, au cas en un mot où le mari tire profit de l'inconduite de sa femme. On comprend ces regrets; cependant la décision du législateur peut être justifiée même en ce cas, et j'exposerai les raisons qui l'ont déterminée, en étudiant la question de savoir si la connivence du mari à l'adultère de sa femme constitue une fin de non-recevoir contre sa plainte (1).

IV. — Pour que l'adultère puisse être puni il faut ai-je dit, que l'époux outragé ait porté plainte. Pour que la plainte du mari soit admise il suffit que la femme ait commis un adultère. Au contraire le simple adultère du mari n'est pas punissable ; il faut, pour que le mari encourre la peine portée par l'article 339 qu'il ait entretenu sa concubine dans la maison conjugale.

Cette distinction entre l'adultère de la femme et l'adultère du mari est-elle légitime?

Quelques personnes l'ont nié. « Sous l'empire des « idées anciennes, dit M. Victor Sieye, sous l'empire « des idées anciennes contre lesquelles le droit canon « n'avait pu complètement réagir, de l'infériorité « de la femme à l'homme et, surtout de cette consi- « dération que les conséquences de l'adultère de la « femme étaient beaucoup plus graves que celles de « l'adultère de l'homme, la loi française se montra « pleine d'indulgence envers le mari, et notre Code se « borna à prononcer, dans un seul cas, une faible « amende qui pourrait passer pour une prime don- « née à la fortune. Notre loi punit l'adultère du mari

---

(1) Voy. *infra*, sect. II, § 1.

« commis dans la maison conjugale, bien moins
« parce que c'est un adultère qu'à cause de l'injure
« faite à la femme et du mauvais exemple donné aux
« enfants, c'est l'injure, le mauvais exemple, plus
« que la violation de la foi conjugale que la loi
« punit; et en cela, elle est blâmable; car, en droit
« naturel, le mari est aussi coupable que la femme
« et devrait être puni plus sévèrement qu'elle. »

Ces idées sont très contestables. Il n'est pas exact
de prétendre que la différence faite entre le mari et
la femme au point de vue de l'adultère est fondée sur
une prétendue inégalité entre les deux sexes. Pour
l'établir le législateur a été déterminé par cette considération toute puissante que l'auteur indique lui-
même que les résultats de l'adultère de la femme
sont bien plus graves que les résultats de l'adultère
du mari ; car la femme infidèle risque d'introduire
dans la famille des enfants étrangers qui viendront
usurper la place et les droits des enfants du mari. —
La loi positive ne doit pas s'occuper uniquement de
l'immoralité plus une moins grande d'un fait, pour
le qualifier délit et pour le réprimer; elle a le devoir
de considérer aussi ses conséquences plus ou moins
dangereuses. D'ailleurs il n'est pas vrai de dire que
l'adultère de l'homme soit, même au point de vue
purement moral, aussi répréhensible que l'adultère
de la femme. Un homme peut manquer à la foi conjugale sans être pour cela digne de mépris ; il peut
même être un débauché sans cesser d'être un galant

homme. La femme qui manque à ses devoirs d'épouse est une femme déshonorée ; et ce n'est pas là le résultat de préjugés fâcheux et condamnables, c'est la conséquence même des idées morales qui n'imposent pas les mêmes devoirs à l'homme qu'à la femme, à la femme qu'à l'homme. Ces idées ont été résumées par M. Emile Augier, qu'il doit être permis de citer quand on s'occupe d'une question au point de vue moral, non juridique, ces idées, dis-je, ont été résumées dans ces vers qu'un homme brave mais de mœurs dissolues adresse à une femme sans vertu :

> ....Un lâche est-il un homme ? Non.
> Eh bien, je vous le dis : on doit le même outrage
> Aux femmes sans pudeur qu'aux hommes sans courage,
> Car le droit au respect, la première grandeur,
> Pour nous c'est le courage, et pour vous la pudeur (1).

SECTION II.

De l'adultère de la femme.

§ Iᵉʳ.

De la plainte du mari et des fins de non recevoir qui peuvent être opposées à cette plainte.

I. Il faut une plainte formelle, et faite selon les règles générales prescrites par le Code d'instruction criminelle. — II. Cette plainte ne peut être remplacée ni par une action de désaveu contre un

----

(1) L'*Aventurière*, act. 3, sc. V.

enfant conçu pendant le mariage ni par une demande en séparation de corps. — III. Le ministère public est-il obligé de suivre sur la plainte du mari ? — IV. Le mari condamné pour avoir entretenu une concubine au domicile conjugal est déchu du droit de porter plainte contre l'adultère de sa femme ; il n'est pas nécessaire que la condamnation soit antérieure au dépôt de sa plainte. — V. La réconciliation des époux, survenue antérieurement au dépôt de la plainte constitue une fin de non-recevoir contre cette plainte. — VI. Il n'en est pas de même de la connivence du mari à la débauche de sa femme. — VII. Le complice de la femme ne peut être poursuivi si celle-ci ne l'est pas ; la réconciliation des époux avant le dépôt de la plainte profite au complice ; lorsque le mari a porté plainte contre sa femme sans désigner le complice, celui-ci peut être poursuivi d'office par le ministère public.

I. — « L'adultère de la femme, dit l'art. 336 du « Code pénal, ne pourra être dénoncé que par le « mari. »

Je dois d'abord faire remarquer que l'expression « dénoncer » employée dans cet article n'est pas techniquement exacte. En effet, dans la terminologie ordinaire du Code pénal, la dénonciation est un avis émanant d'une personne non intéressée; l'avis émanant d'une personne intéressée est une plainte. Au reste cette discussion de mots n'a pas d'importance (1). Ce qu'il importe d'examiner c'est la question de savoir si cette plainte doit être formée selon les prescriptions des art. 31 et 65, 30, 48, 50 et 53 du Code d'instruction criminelle.

J'ai déjà dit que les formalités prescrites pour les plaintes en général sont applicables aux plaintes né-

---

(1) Voy. cependant M. Carnot, *op. cit.*, art. 336-339.

cessaires pour mettre en mouvement l'action publique (1). Sans revenir sur les considérations générales qui m'ont déterminé à admettre cette solution, je dois faire remarquer que les formalités imposées à la validité de la plainte sont particulièrement utiles en matière d'adultère. Ces formalités, on l'a vu, ont pour but et pour effet d'appeler l'attention du plaignant sur l'importance de l'acte qu'il fait. Or le législateur qui a veillé avec une grande sollicitude sur le repos de la famille et le maintien des unions n'a pas dû chercher à encourager en cette matière les plaintes à la légère.

II. — Mais n'y a-t-il aucun acte qui puisse être considéré comme équivalent à une plainte formelle?

J'écarte d'abord l'opinion de M. Bedel (2) que, lorsque le mari désavoue un enfant conçu pendant le mariage, le ministère public doit en vertu des art. 337 du Code pénal et 22 du Code d'instruction criminelle s'emparer des faits allégués s'ils sont prouvés, et réquérir, mais devant le tribunal correctionnel, l'application de la peine. Il est en effet impossible « de voir une dénonciation dans le sens « de l'art. 336 du Code pénal dans l'introduction « d'une instance purement civile, c'est-à-dire dans « un acte qui ne manifeste en aucune façon l'inten-

---

(1) Voy. *suprà*, Introduction.
(2) M. Bedel, *Traité sur l'adultère*, p. 83.

« tion de la part du mari de provoquer contre sa
« femme l'exercice de l'action publique (1). »

Mais la question suivante est beaucoup plus douteuse.

Le complice de la femme adultère ne peut être
poursuivi, on le verra tout à l'heure, que lorsqu'il a
été porté plainte par le mari contre sa femme. Or,
on s'est demandé, et la question s'est posée en jurisprudence, si, lorsque la séparation de corps est poursuivie devant la juridiction civile par un mari contre
sa femme pour cause d'adultère, le ministère public
peut poursuivre le complice ; en d'autres termes on
a cherché si la demande en séparation de corps formée par le mari ne doit pas être, en ce qui concerne
le complice, assimilée à une plainte formelle.

Des raisons très sérieuses ont été données en faveur de l'affirmative. On a fait remarquer que le
mari qui forme contre sa femme une demande en
séparation de corps n'ignore pas qu'aux termes de
l'art. 308 du Code civil, la femme, si elle est reconnue coupable, doit être condamnée sur la réquisition
du ministère public à la peine de la prison ; qu'ainsi
il sollicite lui-même indirectement sa condamnation ;
que, si le ministère public est, dès lors autorisé à
requérir la peine contre la femme coupable, il est
rationnel qu'il puisse également la requérir contre
son complice ; que le choix par le mari de l'action

---

(1) M. Faustin-Hélie, *op. cit.*, n° 754.

civile n'exclut pas son intention d'obtenir la condamnation de la femme, puisqu'il est obligé de prendre
cette voie, lorsqu'il veut obtenir tout à la fois et
cette condamnation et la séparations de corps; que,
en ce qui concerne les considérations tirées de l'intérêt
de l'époux, de la paix et de l'honneur des ménages,
en matière d'adultère, elles disparaissent dès que le
mari a dénoncé lui-même à la justice l'outrage dont
il croit avoir à se plaindre.

C'est en ce sens que s'est prononcé le tribunal de
Gien, dans un jugement qui ne donne d'ailleurs aucune raison solide à l'appui de son opinion et qui se
contente de trancher la question par la question. En
effet, on ne trouve dans ce jugement que ce seul
considérant : « Si l'on peut soutenir avec avantage
« que la condition d'une dénonciation préalable, in-
« dispensable à l'action du procureur de la Répu-
« blique contre la femme inculpée d'adultère peut,
« par extension, être invoquée en faveur de l'inculpé
« de complicité, la dénonciation du mari existe suf-
« fisamment dans l'espèce, par cela seul que le mari
« a introduit, en justice, la demande à fin de sépa-
« ration de corps contre sa femme, fondée sur le
« délit d'adultère, qu'il lui reproche d'avoir commis
« avec X... (1). » La Cour d'Orléans a repoussé
cette manière de voir et décidé dans un arrêt très
fortement motivé, que ni la demande à fin de sépa-

---

(1) Dalloz, *Rép.*, v° ADULTÈRE, n° 42.

ration de corps, ni le jugement qui l'admet ne peuvent tenir lieu de la dénonciation du mari. Elle a fait remarquer que la demande en séparation formée par le mari et fondée sur l'adultère de la femme « ne révèle pas chez le mari l'intention d'obtenir la « condamnation pénale de sa femme et du complice « puisqu'il aurait eu à cet effet devant les tribunaux « de justice répressive une action à laquelle il n'a « pas recouru ; que, à la vérité, en déclarant la sépa- « ration de corps, les juges civils prononcent en « même temps contre la femme coupable d'adultère « la peine portée par l'art. 308 du Code civil ; mais « que cette disposition, introduite dans l'intérêt de « la morale publique et de la sainteté du mariage « s'accomplissant hors la participation du mari, ne « saurait faire supposer qu'il ait voulu soumettre sa « femme à des poursuites ; que dès lors, elle ne peut « équivaloir à la dénonciation exigée par l'art. 336 du « Code pénal ; que, dans l'opinion contraire, l'action « intentée au complice d'adultère, à la suite et sur « l'autorité du jugement de séparation de corps « exposerait l'honneur de la famille à l'éclat souvent « fâcheux d'un débat judiciaire que le mari a voulu « éviter, rendrait la réconciliation des époux plus « difficile et serait par conséquent opposée au but « que le législateur a eu en vue dans l'art. 336 (1). »

Ces arguments sont très forts, je le répète, et cor-

---

(1) Orléans, 12 avril 1842, Dalloz, *loc. cit.*

roborent cet autre argument qui me paraît être l'argument décisif : nous sommes en matière pénale, toute loi pénale doit être restreinte à ses termes, il n'est pas permis de l'étendre par analogie. La loi exige une plainte du mari pour que le ministère public puisse poursuivre le délit d'adultère ; pour nous conformer à l'esprit et à la lettre de la loi, nous devons n'autoriser le ministère public à poursuivre « que sur une plainte spéciale et directe » et nous ne devons assimiler à cette plainte aucun fait différent, pas même une action civile en séparation de corps introduite par le mari (1).

III. — Le ministère public ne peut poursuivre tant que le mari n'a pas porté plainte. Mais une fois que la plainte a été portée, le ministère public est-il obligé de poursuivre ?

Il faut appliquer ici les principes généraux, puisqu'il n'y est dérogé en notre matière par aucun texte. Si donc le mari ne s'est pas porté partie civile le ministère public est absolument libre de décider s'il y a lieu ou non de poursuivre. La jurisprudence donne la même solution pour le cas où le plaignant s'est porté partie civile, mais plusieurs auteurs pensent que dans ce cas, le ministère public est obligé de suivre sur la plainte.

IV. — Le mari seul, ai-je dit, a qualité pour porter

---

(1) Cass., 2 juin 1842, Dalloz, *loc. cit.*

plainte contre l'adultère commis par sa femme ; ce droit lui est même retiré quand il se trouve dans le cas prévu par l'article 339 du Code pénal, c'est-à-dire quand il a entretenu une concubine dans la maison conjugale et a été convaincu sur la plainte de sa femme (1).

Pour que le mari soit privé de son droit de plainte, il faut qu'il ait été convaincu, c'est-à-dire il faut qu'un jugement ait été rendu contre lui, il faut qu'il ait été condamné. Mais est-il nécessaire que cette condamnation soit antérieure à la plainte déposée contre la femme? En d'autres termes la femme dénoncée par son mari peut-elle répondre à celui-ci : vous ne pouvez pas déposer une plainte valable contre moi, car vous avez entretenu une concubine au domicile conjugal; je vais le prouver. L'affirmative est généralement admise. « Je ne pense pas, dit « M. Mangin, qu'il faille nécessairement que la con- « damnation du mari ait précédé la dénonciation qu'il « a portée contre sa femme pour que celle-ci puisse « lui opposer la fin de non-recevoir en question; « je crois que l'épouse poursuivie peut dénoncer l'a- « dultère dont son mari s'est rendu coupable, et se « procurer par là le moyen de repousser l'action « qu'il a provoquée contre [elle. C'est même le cas « qui doit arriver le plus ordinairement; la plainte

---

(1) Je dirai sous la section III, ce qu'il faut entendre exactement par les mots : entretien d'une concubine dans la maison conjugale.

« de la femme est alors préjudicielle à celle de l'é-
« poux ; elle doit être jugée d'abord et jusqu'à ce
« jugement, il doit être sursis aux poursuites diri-
« gées contre elle (1). »

V. — Ce n'est pas là la seule fin de non-recevoir
qui peut être opposée par la femme. Une autre fin
de non-recevoir résulte de la réconciliation intervenue entre les époux (2). La réconciliation, dit la Cour
de cassation, doit être accueillie comme une preuve
légale que l'adultère n'a pas été commis (3).

La réconciliation peut être expresse ou tacite : elle
est expresse quand elle résulte d'actes formels, par
exemple de lettres ; elle est tacite quand elle résulte
de faits qui font nécessairement supposer que le
mari a pardonné. Les tribunaux sont souverains pour
décider quels faits constituent des preuves de réconciliation. Il en est cependant qui doivent nécessaire-
rement être considérés comme tels. C'est ainsi que
la plainte d'un mari, qui aurait eu des relations in-
times avec sa femme après avoir été instruit de sa
faute, devrait être écartée par l'exception de réconciliation (4).

---

(1) M. Mangin, *op. cit.*, nᵒ 134.

(2) Je ne parle ici que de la réconciliation intervenue avant le
dépôt de la plainte. J'exposerai plus bas les raisons qui me font
penser que la réconciliation postérieure au dépôt de la plainte n'arrête pas le cours de l'action publique (voy. même section, § 3).

(3) Cass., 7 août 1823, Dalloz, *loc. cit.*, n° 77.

(4) Toulouse, 6 décembre 1838, Dalloz, *loc. cit.*, n° 81.

VI. — J'arrive enfin à l'examen d'une question fort discutée. Faut-il admettre que la connivence du mari à la débauche de sa femme constitue une fin de non-recevoir que celle-ci peut lui opposer ?

En droit romain, la connivence du mari non-seulement le rendait indigne de porter plainte, mais encore le constituait en délit (1). Il en était de même dans l'ancien droit français : « Si le mari, dit Merlin, « favorisait la débauche de sa femme, le ministère « public pouvait agir pour faire punir l'un et l'autre ; « mais alors on n'infligeait pas à la femme la peine « ordinaire des adultères ; on la punissait comme « les autres femmes débauchées et le mari comme « coupable de proxénétisme (2). »

Le projet du Code pénal proposait de maintenir ces règles et contenait la disposition suivante : « L'a-« dultère de la femme ne pourra être dénoncé que « par son mari, *dans le cas où il n'y aurait pas* « *connivé.* — Le mari signalé par la notoriété pu-« blique comme ayant connivé à l'adultère de sa « femme, la femme adultère, le complice ou les com-« plices seront condamnés chacun à une amende de « 100 francs au moins, et de 10,000 francs au plus ; « dans ce cas les coupables pourront être poursuivis, « même d'office, par le procureur impérial. »

---

(1) ff. *De solut. matrim.*, L. 46 ; *Ad. leg. Jul. de adulter.*, L. 29, § 3 ; — C. *eod. tit.*, L. 28.

(2) Merlin, *Rép.*, v° ADULTÈRE, n° 13.

Cette disposition a été supprimée comme dangereuse. Il en résulte que la connivence du mari à la débauche de sa femme n'entraîne plus aucune peine et n'autorise pas des poursuites d'office contre la femme.

Il en résulte aussi que la connivence du mari ne constitue plus une fin de non-recevoir à la plainte.

Cette deuxième conséquence a été contestée, et plusieurs auteurs décident que, si à la vérité la connivence du mari à la débauche de sa femme n'entraîne plus de peine et ne peut plus être poursuivie d'office, elle constitue du moins une fin de non recevoir qui peut être opposée à la plainte en adultère.

Je dois exposer les motifs qui me déterminent à repousser cette opinion :

Le mari a droit, en principe, de dénoncer l'adultère de sa femme ; la loi lui retire ce droit en un cas : lorsqu'il entretient une concubine au domicile conjugal ; elle est muette sur le cas de connivence du mari ; nous ne pouvons pas suppléer à son silence, nous ne pouvons pas restreindre de notre propre autorité le droit du mari ; et, pour obéir à la lettre de la loi, il faut nécessairement décider que, abstraction faite de l'hypothèse de la renonciation du mari au droit de plainte par la réconciliation, il n'y a contre lui d'autre déchéance que celle prévue par l'art. 339.

Si cette solution respecte la lettre de la loi, elle ne respecte pas moins son esprit. On sait quels étaient les termes du projet de Code pénal et ce qu'on en a supprimé. Si les rédacteurs de ce Code avaient voulu simplement faire disparaître le droit pour le ministère public de poursuivre d'office le mari complaisant, la suppression aurait commencé aux mots : « *Le mari signalé par la notoriété publique*, etc. » Or, on ne s'est pas contenté de supprimer cette dernière phrase; on a supprimé les derniers mots de la phrase précédente : « *Dans le cas où il n'y aurait* « *pas connivé.* »

D'ailleurs, il est naturel que telle ait été la conclusion d'une discussion dans laquelle on était tombé d'accord « que la recherche de la connivence du mari « et la preuve de sa honteuse complicité soulève- « raient de scandaleux débats; que l'homme qui, « pour ne pas divulguer les désordres d'une femme, « aurait gardé quelque temps le silence sur ses écarts, « pourrait être l'objet d'une telle imputation (1). »

Ces paroles indiquent nettement quelle fut la préoccupation du législateur. Il est évident qu'il est dangereux, et les rédacteurs du Code pénal ont reculé devant ce danger, il est évident qu'il est dangereux de permettre, je ne dis pas seulement au ministère public, mais même à la femme adultère, d'accuser son mari de connivence. S'il est des cas où le mari est véritablement l'artisan de la débauche de sa femme, le plus souvent il se tait par apa-

____

(1) Locré, t. XXX, p. 393.

thie, par lâcheté, par crainte du scandale. Or, où finit la mansuétude, où commence la connivence? Quand y a-t-il simplement acte de tolérance, quand fait de proxénétisme? Fallait-il déclarer déchu seulement le mari réellement proxénète ou aussi celui qui, aveugle plus ou moins volontaire,

> Voit faire tous les jours des présents à sa femme
> Et d'aucun soin jaloux n'a l'esprit combattu
> Parce qu'elle lui dit que c'est pour sa vertu (1).

Fallait-il appliquer l'art. 339 au mari qui, plutôt que de provoquer chez lui des orages,

> . . . En toute douceur laisse aller les affaires,
> Et, voyant arriver chez lui le damoiseau,
> Prend fort honnêtement ses gants et son manteau (2).

Fallait-il enfin frapper ces maris si nombreux qui estiment que femme infidèle vaut encore mieux que femme acariâtre, et qui diraient volontiers comme le personnage de Molière :

> Pensez-vous qu'à choisir de deux choses prescrites
> Je ne préfère pas être ce que vous dites
> Que de me voir mari de ces femmes de bien
> Dont la mauvaise humeur fait un procès pour rien (3).

Sans doute il est déplorable que l'homme qui a fait trafic de la personne de sa femme puisse porter

---

(1-2) L'*École des femmes*, acte I, sc. 1.
(3) L'*École des femmes*, acte V, sc. 1.

contre celle-ci une plainte, qui ne sera le plus souvent qu'un acte d'intimidation à l'égard de l'amant. Mais, à tort ou à raison, le législateur n'a pas cru devoir s'arrêter à cette considération ; il a pensé qu'il ne fallait pas faire une loi en vue d'exceptions heureusement fort rares, qu'il importe de ne pas tolérer des débats scandaleux et de ne pas permettre de scruter les sentiments qui ont pu déterminer un mari à garder quelque temps le silence sur les désordres de sa femme.

Donc le texte de la loi, qui n'établit de déchéance contre le mari qu'au cas d'entretien d'une concubine au domicile conjugal, l'intention du législateur, révélée par la suppression d'une partie du projet primitif et par la discussion qui a précédé cette suppression, tout nous oblige à décider que la connivence du mari à l'adultère de sa femme ne le prive pas du droit de porter plainte.

Plusieurs auteurs cependant s'élèvent contre ce système. M. Mangin notamment est d'avis « que si « le pardon du mari ou sa réconciliation élève une « fin de non-recevoir contre la plainte, à plus forte « raison il ne peut pas être écouté quand il a autorisé les faits qu'il vient d'énoncer (1). » Mais cette assimilation entre le pardon ou la réconciliation et la connivence est inexacte. En effet, si la recherche et la preuve des faits de réconciliation ne présentent

______

(1) M. Mangin, *op. cit.*, n° 135.

rien de scandaleux, il n'en est pas de même de la recherche et de la preuve de la connivence. Or je l'ai montré tout à l'heure, ce que le législateur a cherché avant tout dans cette matière, c'est à écarter les révélations scandaleuses.

VII. — Ce que j'ai dit relativement à la femme de la nécessité d'une plainte et des effets de la réconciliation s'applique également au complice.

Rien ne serait plus contraire à l'intention du législateur que de permettre au mari de poursuivre sa vengeance contre l'amant en même temps qu'il pardonnerait à sa femme. Le législateur en effet a consenti à faire fléchir le principe que le délit d'adultère doit être puni, par cette unique considération qu'on doit préférer l'impunité de la faute commise par la femme à la révélation scandaleuse de cette faute. Or, dès que le complice est désigné, la femme est flétrie et le but visé par la loi est manqué.

De même, le pardon accordé par le mari à sa femme avant le dépôt de la plainte profite au complice; car ce pardon équivaut à la preuve que l'adultère n'a pas été commis.

Mais je ne doute pas que le ministère public puisse, quand le mari a porté plainte seulement contre sa femme, poursuivre d'office le complice.

En effet, le principe dominant toute cette matière, principe qu'il faut sans cesse rappeler, c'est que si le mari peut, par son silence, enchaîner l'action publique, le ministère public reprend, une fois la plainte déposée, le plein exercice de cette action.

D'ailleurs, « les entraves apportées par la loi au « libre exercice de l'action publique, en notre ma- « tière, n'ont pour motifs que l'intérêt de l'époux, « la paix et l'honneur des ménages; or, dès que le « mari a dénoncé l'outrage dont il croit avoir à se « plaindre, ces considérations n'existent plus; il n'y « a plus à craindre qu'une poursuite indiscrète « vienne troubler son union (1). »

§ II.

De l'exercice de l'action.

I. Conséquences de l'idée que l'action appartient au ministère public et non au mari.— II. Il n'est pas nécessaire que le mari soit partie civile dans le procès pour que les poursuites aient lieu. — III. Les recours exercés par le mari seul contre les jugements intervenus sur sa plainte n'ont pas pour effet de conserver l'action publique. —IV. Le Ministère public a qualité pour interjeter appel *a minima*, alors même que le mari garde le silence; — V. Le décès du mari, après le dépôt de la plainte, ne met pas obstacle à la poursuite.

I. — J'ai dit que, bien que le droit appartienne au mari de donner l'impulsion à l'action publique, il faut, abstraction faite de cette exception, suivre en matière d'adultère les règles générales de l'action publique; que l'action appartient, en conséquence,

____

(1) M. Mangin, *op. cit.*, n° 139. Voyez dans le même sens, Rej. 17 janvier 1829, Dalloz, *loc. cit.*, n° 40.

au ministère public, qui peut, une fois la plainte déposée par le mari, se passer désormais du concours de celui-ci. Si ces idées sont exactes, et j'espère avoir montré qu'elles le sont, la solution s'impose dans les questions que j'ai maintenant à examiner et l'on doit nécessairement décider :

Qu'il n'est pas nécessaire que le mari soit partie civile dans le procès pour que les poursuites aient li eu;

Que les recours exercés par lui contre les jugements intervenus sur sa plainte ne conservent pas l'action publique;

Que le ministère public peut interjeter appel *a minima* alors même que le mari garde le silence;

Que le décès du mari, après le dépôt de la plainte, n'arrête pas la poursuite.

Il faut reprendre séparément chacune de ces questions.

II. — Il n'est pas nécessaire que le mari soit partie civile dans les procès pour que les poursuites aient lieu.

La Cour de cassation a sanctionné cette opinion dans un arrêt, qui contient les passages suivants :

« L'action publique pour la poursuite des délits
« et l'application des peines n'appartient qu'aux
« fonctionnaires publics auxquels elle est confiée par
« la loi; si l'art. 336 du Code pénal a réservé au mari
« seul le droit de dénoncer l'adultère de sa femme,

— 38 —

« et si, à l'égard de ce délit, cette dénonciation doit
« précéder les poursuites du ministère public, aucune
« loi n'a chargé le mari des poursuites qui sont
« demeurées à la charge des fonctionnaires publics
« auxquels l'action publique est confiée ; aussitôt
« qu'un mari dénonce sa femme pour adultère, les
« magistrats du ministère public qui ont reçu cette
« dénonciation sont autorisés à poursuivre la répres-
« sion de ce délit devant le tribunal correctionnel
« compétent (1). »

La Cour de Pau a décidé de même : « Si aux termes
« de l'art. 336 du Code pénal l'adultère de la femme
« ne prend le caractère de délit que par la dénon-
« ciation du mari, on ne peut en conclure que le
« ministère public n'a qualité pour en poursuivre
« la punition qu'autant que le mari lui-même est en
« cause ; il suffit qu'il ait provoqué l'action du minis-
« tère public pour que celui-ci ait le droit de pour-
« suivre puisque, à l'exception de la condition impo-
« sée au ministère public à l'égard de ce genre par-
« ticulier de délit d'attendre, pour agir, la plainte
« du mari, on rentre dans la règle générale posée
« par les art. 1 et 2 du Code d'Instruction crimi-
« nelle (2). »

III. — Les recours exercés par le mari seul contre
les jugements intervenus sur sa plainte, oppositions,

____

(1) Dalloz, *loc. cit.*, nº 29, n. 1.
(2) Dalloz, *loc. cit.*

appels, pourvois en cassation, n'ont pas pour effet de conserver l'action publique et n'empêchent pas qu'elle s'éteigne lorsque le ministère public ne les exerce pas lui-même pour son compte (1).

Cependant la Cour de Paris dans un arrêt du 17 janvier 1823 et la Cour de cassation dans ses arrêts des 3 septembre 1841 et 19 octobre 1837 ont repoussé cette manière de voir, au moins en ce qui concerne l'appel et décidé que, en cas d'acquittement de la femme en première instance, si le mari interjette appel même sans le concours du ministère public, une condamnation pénale peut être prononcée contre la femme (2). Ce qui paraît avoir déterminé la jurisprudence à se prononcer en ce sens, c'est cette considération que, aux termes des articles 298 et 308 du Code civil, lorque le mari poursuit devant la juridiction civile la séparation de corps pour cause d'adultère le ministère public peut, soit en première instance soit sur l'appel, faire condamner la femme, si la séparation est prononcée, aux peines de l'adultère. M. Faustin-Hélie a réfuté cet argument d'une façon victorieuse et je ne puis mieux faire que de citer textuellement les paroles du savant criminaliste. « Il faut écarter l'argument tiré de l'art. 308. « On infère de cet article que la peine de l'adultère « peut être prononcée, non sur l'action, mais sur la

_____

(1) *Sic*, MM. Faustin-Hélie, *op. cit.*, nᵒˢ 764 et 766 ; — Mangin, *op. cit.*, nᵒ 140 ; — Dalloz, vᵒ ADULTÈRE, nᵒ 35.

(2) Dalloz, *loc. cit.*, nᵒˢ 32, 33 et 34, n. 1, 2 et 3.

« réquisition du ministère public et dans une ins-
« tance où il n'est que partie jointe ; on y trouve
« l'exemple d'une réquisition prise devant le tribu-
« nal d'appel par le ministère public, quoique ce tri-
« bunal ne soit saisi que par l'appel du mari. La ré-
« ponse est qu'il importe de distinguer dans l'hypo-
« thèse prévue par cet article, l'instance en séparation
« de corps et l'action incidemment formée par le
« ministère public pour l'application des peines de
« l'adultère. Celle-ci ne peut être exercée que par le
« ministère public ; c'est sur sa seule réquisition que
« les peines sont appliquées : il est donc partie prin-
« cipale dans l'incident. Ensuite ce droit de réquisi-
« tion, qui naît de l'instance en séparation de corps,
« doit nécessairement subsister pendant toute la du-
« rée de l'instance soit en première instance, soit en
« appel ; le ministère public saisit le délit au moment
« où il se manifeste, au moment où la preuve en est
« produite, à quelque phase que la procédure soit
« parvenue. Or, il est impossible d'assimiler ces
« formes de la procédure civile aux formes de la
« juridiction correctionnelle. Dans la poursuite du
« délit, l'action principale est entre les mains du
« ministère public ; c'est lui qui requiert l'appli-
« cation des peines ; le mari n'est que partie jointe,
« quels que soient d'ailleurs ces droits, car le but
« de l'instance est la constatation d'un délit et l'appli-
« cation des peines légales. Dès lors, si le ministère
« public ne forme pas d'appel du jugement de pre-

« mière instance, il est évident que cette action est
« éteinte, car il en est dépositaire ; seul il l'exerce. »

IV. — Le ministère public a qualité pour interjeter
appel *a minima* du jugement rendu sur l'action
en adultère dirigée contre la femme, alors même
que le mari garde le silence.

Le mari ne pourrait même pas par un désistement formel empêcher l'instance d'appel, car, ainsi
que je le montrerai tout à l'heure, dès l'instant qu'il
a porté plainte, l'action publique est indépendante
de son caprice et il n'a plus qu'un seul droit, faire
cesser l'effet de la condamnation prononcée.

V. — La poursuite n'est pas arrêtée par le décès
du mari survenu après le dépôt de la plainte (1).

De toutes les conséquences résultant du principe
que l'action publique une fois mise en mouvement
doit suivre son cours, celle-ci est assurément la plus
fâcheuse ; et plusieurs auteurs, frappés des inconvénients qu'elle présente, ont cherché à établir que le
décès du mari survenu depuis la plainte et avant la
condamnation, éteint la poursuite en adultère.

Il faut examiner les arguments qu'on a donnés à
l'appui de cette opinion :

1° On a d'abord affirmé que les poursuites doivent

______

(1) *Sic*, M. Faustin-Hélie, *op. cit.*, n° 778 ; — M. Mangin, *op. cit.*,
n° 141. — *Contra*, Rej., 27 septembre 1839 et 29 août 1840, Dalloz,
loc. cit., n° 53.

cesser à la mort du mari parce que l'adultère est moins un délit contre la société qu'une faute contre le mari. Je n'ai pas à m'arrêter à cet argument, car j'ai déjà montré à plusieurs reprises que la loi n'a pas à tort ou à raison, adopté cette manière de voir (1) ;

2° Le mari, ajoute-t-on, aurait pu, s'il eût vécu, se désister de sa plainte ; il serait injuste que la femme fût, par suite de son décès, privée de cette chance de pardon.

Je dirai tout à l'heure les raisons qui me font penser que le désistement du mari après le dépôt de la plainte n'arrête pas la poursuite contre la femme (2). Pour ceux qui partagent cette opinion, l'argument que je viens d'exposer est sans force, c'est évident. Mais même pour ceux qui la repoussent, la conséquence ne s'impose pas que le décès doit être assimilé au désistement. Car ainsi que le dit fort bien M. Mangin, si on admettait cette considération qu'il est injuste que la femme soit, par suite du décès de son mari, privée de la chance du pardon résultant du désistement, « il faudrait en conclure que le « décès du mari fait cesser l'emprisonnement de « la femme condamnée ; car elle peut dire avec tout « autant de raison que, si son mari eût vécu, il au- « rait pu lui pardonner ; si cette considération n'est

---

(1) Voy. *suprà*, sect. 1.
(2) Voy. *infrà*, § 3.

« pas admissible dans ce dernier cas, elle ne doit
« pas l'être dans l'autre (1). »

3° Enfin, de graves considérations morales exigent,
a-t-on dit, que, après la mort du mari, le silence se
fasse sur les fautes passées. Ces considérations peuvent se résumer dans les paroles suivantes de M. l'avocat général Dupré-Lasale, citées en note par M. Sorel
dans l'ouvrage de M. Mangin (2) : « Pourquoi ces
« rigueurs posthumes? Pourquoi, lorsque le mariage
« est dissous, cette sévérité inflexible? Quel intérêt
« la demande? L'intérêt du mari? Il n'existe plus.
« L'intérêt de la famille et des enfants? Il exige
« l'oubli et le pardon. »

Je n'ai qu'un mot à répondre. Sans doute il est
regrettable que la loi n'ait pas cru devoir abandonner, dans le cas spécial du décès du mari, l'idée
générale que la société est intéressée à la répression
des adultères. Sans doute, les considérations présen-
tées par M. Dupré-Lasale seraient puissantes si nous
avions à trancher la question au point de vue légis-
latif; mais le respect dû à la volonté du législateur
ne permet pas à l'interprète de s'y arrêter, quelque
regret qu'il en puisse avoir.

---

(1) M. Mangin, *loc. cit.*
(2) *Eod. loc.*

§ III.

Du droit qu'a le mari d'arrêter l'effet de la condamnation prononcée contre sa femme.

1. — Le mari peut faire cesser la condamnation prononcée contre sa femme. — II. On en a conclu qu'il peut arrêter par son désistement la poursuite après le dépôt de sa plainte et avant le jugement. — III. Opinion contraire de M. Favard de Langlade; l'opinion de cet auteur semble, malgré les inconvénients qui résultent de son adoption, répondre à l'intention du législateur; elle doit par conséquent être admise. — IV. Le pardon accordé à la femme après la condamnation ne profite pas au complice.

I. — Le mari seul peut mettre en mouvement l'action publique contre sa femme. Ce n'est pas là le seul privilège qui lui soit accordé; il peut aussi arrêter l'effet de la condamnation prononcée contre sa femme en consentant à la reprendre (art. 387). Mais il ne peut pas, par un désistement de sa plainte, arrêter la poursuite dirigée contre celle-ci (1).

---

(1) Cette opinion n'est pas contradictoire avec celle émise plus haut que la réconciliation antérieure au dépôt de la plainte constitue une fin de non-recevoir, que la femme a le droit d'opposer. En effet, les situations prévues pour les deux hypothèses sont très différentes. Quand il y a eu réconciliation avant le dépôt de la plainte, la plainte ne peut plus être formée par le mari; si elle l'est en effet, elle est sans force, elle doit être considérée comme non avenue, elle ne peut produire aucun effet. Dans le second cas, au contraire, c'est-à-dire quand le mari n'a pardonné qu'après sa plainte déposée, la plainte a été valablement formée; elle a immédiatement produit tout l'effet qu'elle devait produire, c'est-à-dire la mise en mouvement de l'action publique, laquelle ne peut plus être arrêtée et doit nécessairement aboutir à ce résultat : le jugement.

II. — Sans doute il peut paraître « étrange que le « mari qui s'est réconcilié avec sa femme dans le « cours du procès, et qui tient de la loi le pouvoir « d'annuler les effets du jugement, ne puisse pas « arrêter le procès et prévenir le jugement même; » sans doute il est permis de s'étonner « que le législa-« teur ait créé, dans l'exercice de l'action publique, « un obstacle à la réconciliation des époux, lorsque, « pour opérer cette réconciliation, il permet au mari « d'anéantir la condamnation même, — et que le « mari soit dans la nécessité d'attendre, pour repren-« dre sa femme, qu'elle ait été déclarée coupable par « un jugement définitif, qu'il ne puisse la réintégrer « dans le domicile conjugal que flétrie et désho-« norée (1). »

III. —- Mais le législateur ne s'est pas arrêté à ces considérations pourtant bien graves. Un texte formel permet au mari de reprendre sa femme et de faire cesser l'effet de la condamnation. Aucun texte ne lui accorde le droit d'arrêter l'action publique avant qu'un jugement soit intervenu. Pouvons-nous combler la lacune de la loi? Evidemment non. Cette solution, si fâcheuse qu'elle soit, est d'ailleurs bien conforme à l'esprit du législateur de 1808. Le législateur de 1808, je l'ai répété plusieurs fois, a entendu laisser l'action publique absolument indépendante aux

---

(1) M. Faustin-Hélie, *op. cit.*, n° 762.

mains du ministère public, quand une fois elle a été mise en mouvement par l'époux outragé, et c'est se montrer respectueux de ses intentions que de décider, comme la Cour de Montpellier (1), « qu'une fois « que le mari a nanti le ministère public de son « action, elle demeure dans toute sa force, indépen- « damment de ce qui pourra se passer entre le mari « et la femme. »

Cette opinion est celle de M. Favard de Langlade, et je dois faire remarquer combien est importante l'autorité de cet auteur, qui écrivait dans les temps voisins de la rédaction des Codes et qui avait pris une part considérable à leur confection. M. Favard de Langlade s'exprime ainsi : « Lorsque le mari a « dénoncé l'adultère de sa femme, peut-il arrêter les « poursuites du ministère public? On pourrait le « croire en partant de l'art. 357 du Code pénal; car « puisque cet article permet au mari d'arrêter l'effet « de la condamnation prononcée contre sa femme, il « semble d'abord assez naturel d'en conclure qu'il « peut, à plus forte raison, arrêter l'effet des pour- « suites tendant à la condamnation. Mais cette con- « clusion ne serait pas juste; lorsque la condamna- « tion a été prononcée, le scandale causé par le mé- « pris que la femme a manifesté pour ses premiers « devoirs, est puni; la société est satisfaite, la loi au- « torise le mari à pardonner à sa femme : le rappro-

---

(1) Dalloz, *loc. cit.*, n° 43, n. 2.

« chement de deux époux séparés est toujours favo-
« rable. Mais quand l'action du ministère public a été
« mise en mouvement par la plainte du mari, elle
« cesse d'être enchaînée, elle ne peut être subor-
« donnée à la volonté, au caprice du mari. Dès que
« la plainte a été portée devant le magistrat, la société
« doit être satisfaite, et elle ne peut l'être que par le
« jugement définitif de la plainte en adultère; le
« mari pourra ensuite pardonner à sa coupable
« épouse (1). »

Que les raisons données par l'auteur pour justifier
la solution qu'il croit être celle voulue par le législateur, que ces raisons soient fort contestables, je ne
le nie pas. Mais elles répondent bien, je le crois du
moins, à la pensée du législateur, pensée que M. Favard de Langlade devait connaître mieux que personne.

Je dois l'avouer cependant, le système que je viens
de chercher à défendre n'a obtenu aucun succès ni
en doctrine ni en jurisprudence, et l'opinion admise
presque universellement est que le désistement du
mari, intervenu après le dépôt de la plainte et avant
le jugement, arrête l'exercice de l'action publique (2).
Mais les tribunaux et les auteurs ont été, je le crois,
conduits à cette solution plutôt par des considérations

---

(1) *Répertoire de législation*, t. III, p. 572, v° MINISTÈRE PUBLIC.

(2) *Sic*, MM. Mangin, *op. cit.*, n° 136; — Faustin-Hélie, *op. cit.*;
n° 762; — Morin, *loc. cit.*; — Dalloz, Rép., v° ADULTÈRE, n° 43;
— Cass., 6 août 1823; Rej., 17 août 1827, Dalloz, *loc. cit.*

morales et utilitaires que par des considérations ju-
ridiques.

IV. — Si l'intérêt de la famille exige que le mari
soit libre de pardonner à sa femme condamnée et de
faire cesser la peine prononcée contre elle, aucune
considération ne milite en faveur de celui qui a apporté au foyer des époux le trouble et le déshonneur;
le complice subira donc sa peine malgré le pardon
accordé à la femme par le mari. Je n'ai pas besoin
d'ajouter que le désistement du mari après le dépôt
de la plainte n'arrêterait pas la poursuite contre le
complice, puisque j'ai admis que ce désistement
n'arrête pas la poursuite contre la femme.

SECTION III.

De l'adultère du mari.

I. Pour que le mari soit punissable, il faut qu'il ait entretenu sa
concubine dans la maison conjugale. — II. Sens exact des mots
« entretien d'une concubine» et «maison conjugale ».—III. Le mari
poursuivi en vertu de l'art. 339 ne peut pas opposer à sa femme
une fin de non-recevoir résultant de son adultère. — IV. La concubine du mari ne peut pas être poursuivie.

I. — Le simple adultère du mari n'est pas puni
par la loi. J'ai déjà cherché à justifier la différence
faite par le législateur entre l'adultère de la femme
et l'adultère du mari. J'ai montré que l'adultère du
mari est incomparablement moins grave que l'adul-

tère de la femme soit au point de vue de ses conséquences, soit même au point de vue purement moral. Mais lorsque le mari entretient sa concubine dans
la maison conjugale, les droits de l'épouse sont gravement atteints, un exemple scandaleux est donné aux
enfants et la société a intérêt à faire cesser une pareille situation. Aussi l'art. 339 du Code pénal décide
« que le mari qui aura entretenu une concubine dans
« la maison conjugale et qui aura été convaincu sur
« la plainte de sa femme sera puni d'une amende de
« 100 à 2000 fr. »

II. — Voyons ce qu'il faut entendre par les expressions : entretien d'une concubine, et maison conjugale.

1° Pour que la femme ait droit de porter plainte,
il faut que le mari ait entretenu une concubine. Peu
importe qu'il l'ait entretenue à des conditions gra-
tuites ou onéreuses; car, comme le dit M. Demolombe, « il ne s'agit pas des dépenses ni même des
« prodigalités du mari. C'est le désordre de ses
« mœurs qui constitue l'outrage (1). » -

Le mot « entretenu » de l'art. 339 s'éclaire d'ailleurs par les mots de l'art. 229 du Code civil : « Lorsque le mari aura tenu sa concubine dans la maison
commune. » Mais il ne suffit pas, cela résulte des
expressions « entretenir une concubine, tenir une

______

(1) M. Demolombe, *Traité du mariage*, t. II, n° 370.

concubine », il ne suffit pas que le mari ait commis un ou plusieurs adultères dans la maison commune, il faut qu'il ait véritablement vécu sous son propre toit en état de concubinage ;

2° Il faut que les adultères aient été commis dans la maison conjugale. Que doit-on entendre par l'expression maison conjugale ?

Je ferai remarquer d'abord que dans les grandes villes et notamment à Paris, la presque unanimité des habitants ont non pas des maisons mais des appartements, et je crois que ce serait donner aux mots de l'art. 339 un sens inexact de décider qu'ils s'appliquent au mari qui entretient une femme habitant dans la même maison à un autre étage, ou au même étage, pourvu toutefois que les appartements soient absolument distincts (1).

Cette observation faite, il faut dire que la maison conjugale est partout où le mari a droit d'exiger que sa femme le suive et la femme droit d'exiger que son mari la reçoive.

Il faut décider en conséquence :

1° Que si les époux ont une maison à la ville et une maison à la campagne, maison qu'ils n'occupent que quelques mois, le mari qui y a entretenu une concubine tombe sous le coup de l'art. 339 (2) ;

2° Que l'art. 339 est encore applicable lors même

----

(1) *Sic*, M. Demolombe, *op. cit.*, t. II, n° 371.
(2) M. Demolombe, *op. cit.*, t. II, n° 374.

que la femme n'habite pas la maison dans laquelle le mari *demeure* avec sa concubine (1). Au contraire, si le mari tient la concubine dans une maison louée par lui, mais *où il ne demeure pas*, l'art. 339 est inapplicable ;

3º Enfin la définition que j'ai donnée des mots « maison conjugale » m'oblige à décider que, après la séparation de corps, il n'y a plus de maison conjugale, et que le mari peut en conséquence introduire impunément une maîtresse à son foyer. On ne peut pas nier que ce système n'ait des inconvénients et on serait heureux de pouvoir dire avec la Cour de Lyon : « Que le foyer domestique n'est pas absolu-
« ment détruit par la séparation de corps et reste à
« la garde du mari chef de famille, afin que les
« enfants puissent s'y rallier et que l'épouse y revienne
« tôt ou tard reprendre sa place dans la maison con-
« jugale qui subsiste encore malgré la retraite de
« l'épouse et doit être conservée pure des souillures
« de l'immoralité (2). »

Malheureusement je ne pense pas que cette manière de voir si élevée ait été celle du législateur et je crois que, pour nous conformer à l'esprit de la loi, nous devons dire « que c'est mal à propos qu'on
« soutient que, nonobstant la séparation- de corps,
« le domicile du mari continue d'être la maison con-

---

(1) M. Demolombe, *op. cit.*, t. II, nᵒˢ 375 et 377.
(2) Lyon, 15 juin 1837, Dalloz, *loc. cit.*; nᵒ 64, nᵒ 1.

« jugale dans le sens de l'art. 339 ; qu'une telle inter-
« prétation est repoussée par le texte et par l'esprit
« de la loi ; par le texte, puisqu'elle a employé la
« désignation de conjugale, qui ne peut s'entendre
« que d'une habitation commune aux époux ; par
« l'esprit, puisque l'adultère du mari n'étant pas
« constitué délit d'une manière absolue comme celui
« de la femme, mais seulement dans le cas où le
« mari a placé sa concubine à côté de sa femme dans
« le domicile commun, parce qu'il en résulte injure
« grave pour celle-ci. Or, cette injure n'existe pas et,
« par suite, l'adultère n'est plus punissable, lorsque
« le domicile du mari a cessé en droit et en fait d'ê-
« tre celui de la femme (1). »

Mais je n'admettrais pas la même solution si le mari
entretient chez lui une concubine pendant l'instance
en séparation 'de corps et alors que la femme a été
autorisée à se retirer dans une maison séparée. En
effet dans ce cas ce n'est, comme le dit M. Demolombe,
que provisoirement que la femme est autorisée à se
retirer dans un autre lieu ; « la maison du mari est
« donc toujours, en droit, la maison conjugale ; et
« la femme en effet, surtout si elle est demanderesse,
« a toujours le droit d'y retourner (2). »

III. — Le sens des expressions « entretien d'une
concubine dans la maison conjugale » étant déter-

---

(1) Grenoble, 18 août 1838, Dalloz, *loc. cit.*
(2) M. Demolombe, *op. cit.*, t. II, n° 376.

miné, il n'y a que peu de chose à ajouter relativement à l'adultère du mari. En effet tout ce que j'ai dit plus haut sur l'adultère de la femme s'y applique soit quant à la forme dans laquelle doit être faite la plainte, soit quand au rôle de simple plaignant, joué par l'époux outragé. Je dois seulement faire remarquer que la femme n'a pas comme le mari le droit de faire cesser la condamnation prononcée contre l'époux coupable.

Quant à la question de savoir si la femme peut se désister de sa plainte, je n'ai pas à m'en occuper, puisque je n'admets pas que le désistement soit possible même de la part du mari. Bien entendu la réconciliation des époux intervenue avant le dépôt de la plainte de la femme constituerait une fin de non-recevoir à cette plainte. Mais le mari peut-il opposer à sa femme une fin de non-recevoir résultant de la propre faute de celle-ci? En d'autres termes, faut-il dire que, de même que le mari est déchu du droit de porter plainte contre l'adultère de sa femme lorsqu'il a entretenu une concubine au domicile conjugal, de même la femme est déchue de son droit de plainte quand elle a été convaincue d'adultère?

La négative est généralement admise. Il est inexact en effet de dire que les délits se compensent les uns les autres. La loi a déclaré le mari déchu en un certain cas de son droit de porter plainte; elle n'a au contraire apporté aucune restriction au droit de la femme; il n'est pas permis à l'interprète d'en créer une par analogie.

D'ailleurs le silence du législateur s'explique très-bien, car le domicile conjugal doit demeurer inviolable à l'égard de la femme, même coupable (1).

IV. — La femme peut-elle porter plainte non-seulement contre son mari mais encore contre la concubine de celui-ci ?

Si elle n'a porté plainte que contre son mari, le ministère public peut-il poursuivre d'office la concubine ?

Je crois qu'il faut répondre négativement à ces deux questions.

Il est vrai que les complices de tout fait qualifié délit peuvent être poursuivis en même temps que les auteurs et sont passibles des mêmes peines.

Mais l'expression de complice appliquée à l'amant ou à la concubine n'est pas techniquement exacte. La loi a qualifié délit et a puni le fait de l'homme qui entretenait des relations coupables avec une femme mariée; elle n'a rien dit de l'acte de la femme qui consent à être la concubine d'un homme marié. Nous sommes en matière pénale; nous ne pouvons pas raisonner par analogie et appliquer à la concubine ce que la loi dit de l'amant.

---

(1) M. Faustin-Hélie, *op. cit.*, n° 782 ; *Sic*, M. Mangin, *op. cit.*, n° 144; Dalloz, *loc. cit.*, n° 76; *Contra*, M. Carnot, *op. cit.*, art. 339, n° 8.

CHAPITRE II.

DU RAPT.

I. Lorsque le ravisseur a épousé la jeune fille qu'il a enlevée il ne peut pas être poursuivi d'office par le ministère public. — II. Dans ce cas pour que la poursuite criminelle ait lieu soit contre l'auteur principal soit contre les complices du rapt il faut que la nullité du mariage ait été préalablement prononcée par les tribunaux civils. — III. Cette condition même ne suffit pas, il faut de plus qu'une plainte formelle soit déposée par la famille de la jeune fille enlevée ; opinion contraire de M. Mangin.

I. — Le fait d'enlever ou détourner par séduction une fille mineure constitue tantôt un crime tantôt un délit (art. 356 du Code pénal).

Cependant lorsque le ravisseur a épousé la fille qu'il a enlevée, il ne peut être poursuivi que sur la plainte des personnes qui ont droit de demander la nullité du mariage, ni condamné qu'après que la nullité du mariage a été prononcée (1).

---

(1) A Rome et dans l'ancien droit, on suivait des règles tout-à-fait opposées. La loi unique au Code *De raptu virginum seu viduarum*, défendait au ravisseur d'épouser la personne ravie, le ravisseur était puni de mort et les parents de la fille, s'ils gardaient le silence, étaient condamnés à la déportation. — Le Code Michaud contient des dispositions analogues, on y lit en effet : Art. 169. « Sera pro-« cédé extraordinairement contre les coupables de rapt par punition « de mort et confiscation des biens. Et afin de faire cesser telles « entreprises et qu'à l'avenir tels crimes ne puissent être excusés et « couverts, voulons suivant les arrêts, décrets et constitutions canoni-« ques, tels mariages faits avec ceux qui auront enlevé et ravi lesdites

Cette dérogation à la règle générale que l'action publique est indépendante aux mains du ministère public s'explique facilement. En effet, outre que celui-là est dans une certaine mesure excusable qui, après avoir séduit une jeune fille dans un moment d'égarement et de passion, a réparé, autant qu'il était en lui, la faute commise, l'intérêt de la répression des crimes doit céder devant l'intérêt supérieur de la stabilité et de l'union de la famille.

Si le mariage est déclaré valable, le ravisseur est désormais à l'abri de toute condamnation. La question de savoir si le mariage est valable ou non est donc une question préjudicielle qui doit être jugée avant qu'on puisse entamer le procès criminel ; — avant même qu'on puisse diriger aucune poursuite contre le ravisseur. Il est vrai que si l'on se tenait strictement au texte de l'art. 357, il semblerait que les poursuites peuvent commencer aussitôt que la plainte a été portée, sauf à surseoir à la condamnation jusqu'à ce que la nullité du mariage ait été prononcée. Mais, il ne faut pas s'arrêter à cette apparence ; « l'action publique en effet ne peut avoir pour « objet qu'un fait immédiatement punissable et il « n'est pas permis de supposer que la loi autorise

---

« veuves et filles, être déclarés nuls et de nul effet et valeur, comme non
« valablement ni légitimement contractés ; sans que par le temps, con-
« sentement des personnes ravies, leurs parents ou tuteurs, presté avant
« ou après les dits prétendus mariages, ils puissent être validés ou
« confirmés et que les enfants qui viendront desdits mariages soient
« et demeurent bâtards et illégitimes. »

« à prolonger la détention du ravisseur tant que
« durera l'instance civile en nullité de mariage (1). »

Il faut décider de même que tant que le jugement
civil en nullité de mariage n'a pas été rendu, le
complice du ravisseur doit être également à l'abri
de toute poursuite. En effet, l'exception que le ravisseur peut opposer ne lui est pas personnelle, « c'est
« le mariage même contracté à la suite du rapt que
« la loi a voulu protéger. La poursuite relative au
« fait qui a précédé le mariage, même en la restrei-
« gnant au complice, aurait pour résultat de pro-
« duire du scandale et de déconsidérer la famille (2). »

III. — J'arrive maintenant à l'examen d'une question sur laquelle les auteurs sont très-divisés.

Le ravisseur ne peut pas être poursuivi tant que
la demande en nullité de mariage n'a pas été jugée,
je viens de le dire et ce n'est guère contesté. Mais ne
faut-il pas dire qu'une fois la nullité prononcée, le
ministère public peut poursuivre criminellement le
ravisseur, sans avoir à attendre une plainte formelle?

Deux systèmes ont été proposés :

Premier système. — Il faut s'attacher à la lettre de
l'art. 357 : Le ravisseur ne peut être poursuivi *que
sur la plainte des personnes*, etc. « Il ne suffit pas,

---

(1) M. Blanche, *Études sur le Code pénal*, art. 357.

(2) M. Blanche, *loc. cit.* ; *Sic*, MM. Faustin-Hélie, *op. cit.*,
n° 788 ; Mangin, *op. cit.*, n° 145 ; Voyez aussi Rej., 2 octobre 1852,
Dalloz, P. 52, 1, 312.

« dit M. Faustin-Hélie, que les personnes qui ont
« qualité pour demander la nullité du mariage fas-
« sent prononcer cette nullité ; il faut encore qu'après
« cette première action elles en provoquent formel-
« lement une seconde ; il faut qu'après avoir de-
« mandé la nullité du mariage elles demandent la
« poursuite du délit (1). »

Sans doute, disent les partisans de cette opinion,
la loi aurait pu autoriser la poursuite immédiatement après la dissolution du mariage, et il n'était
peut-être pas très-utile d'y ajouter la condition d'une
plainte. Mais le texte de l'art. 357 est formel ; la condition d'une plainte y est nettement exprimée.

D'ailleurs, la famille peut désirer, « même après
« l'éclat du procès civil, éviter l'éclat plus grand en-
« core d'un procès criminel (2). »

Il est vrai que, si l'enlèvement n'avait pas été
suivi d'un mariage, l'action publique ne serait pas
arrêtée et que le ministère public pourrait poursuivre
d'office le ravisseur ; or, on peut dire que le mariage
ayant été annulé, la situation est la même que s'il
n'y avait pas eu de mariage célébré. Mais il faut répondre « qu'il peut y avoir un plus grave intérêt à
« empêcher la poursuite d'un rapt lorsqu'il est suivi
« de mariage, même annulé, que s'il n'a pas été
« suivi de mariage, puisque, dans ce dernier cas, le

---

(1) M. Faustin-Hélie, *op. cit.*, n° 785.
(2) M. Faustin-Hélie, *op. cit.*, n° 786.

« crime peut se réduire tout entier à un acte de vio-
« lence isolé et sans suite, tandis que, dans la pre-
« mière hypothèse, la réputation de la mineure enle-
« vée doit en demeurer entachée (1). »

Deuxième système. — L'art. 357 est rédigé d'une façon défectueuse. Il ne faut pas s'arrêter au texte de cet article ; il faut chercher l'esprit de la loi dans les travaux préparatoires qui indiquent de la façon la plus claire que le législateur n'a pas entendu subordonner la poursuite à une plainte formelle, bien inutile après qu'un jugement a prononcé la nullité du mariage ; il y a plainte dans le sens de l'art. 357, dès l'instant que les personnes qui avaient qualité pour demander la nullité du mariage ont provoqué cette nullité.

L'orateur du gouvernement a dit en exposant les motifs de l'art. 357 :

« Si le ravisseur a épousé la personne qu'il avait
« enlevée, le sort du coupable dépendra du parti que
« prendront ceux qui ont le droit de demander la
« nullité du mariage ; s'ils ne la demandent point,
« la poursuite du crime ne peut avoir lieu ; autre-
« ment, la peine qui serait prononcée contre le cou-
« pable rejaillirait sur la personne dont il a abusé,
« et qui, victime innocente de la faute de son époux,
« serait réduite à partager sa honte.

---

(1) M. Faustin-Hélie, *op. cit.*, n⁰ˢ 785 et 786. Voyez dans le même sens, M. Legraverend, *op. cit.*, t. I, p. 50.

« Il ne suffit pas même, pour que le ravisseur
« puisse être poursuivi criminellement, que la nul-
« lité du mariage ait été demandée, il faut encore
« qu'en effet le mariage soit déclaré nul ; car il serait
« possible qu'à l'époque où l'action en nullité serait
« intentée, il existât une fin de non-recevoir contre
« les parents, soit parce qu'ils auraient expressément
« ou tacitement approuvé le mariage, soit parce
« qu'il se serait écoulé une année sans réclamation
« de leur part depuis qu'ils ont eu connaissance du
« mariage. Les considérations que je viens d'exposer
« ne permettraient pas que la conduite de l'époux fût
« recherchée ; et, si l'intérêt de la société est qu'au-
« cun crime ne reste impuni, son plus grand intérêt
« en cette occasion est de se montrer indulgente et
« de ne pas sacrifier à une vengeance tardive l'inté-
« rêt d'une famille entière. »

M. Mangin, après avoir cité ces paroles, déclare qu'il
en résulte évidemment : « que, si la loi a fait dépen-
« dre l'exercice de l'action publique de l'existence et
« du maintien du mariage, si elle a pardonné au ra-
« visseur en faveur de l'époux légitime, elle l'a, au
« contraire, abandonné aux poursuites du ministère
« public dès que les tribunaux l'ont dépouillé de ce ti-
« tre. » Il ajoute que dès lors, en effet, « le ravisseur
« n'appartient plus, par aucun lien, ni à la personne
« qu'il avait enlevée, ni à la famille de celle-ci, » et
qu'il serait étrange que ces personnes fussent encore,
après l'avoir repoussé, « les arbitres de son sort. »

Qu'on ne parle pas, ajoute-t-on, de la crainte légitime résultant du procès criminel, crainte devant
laquelle la famille de la jeune fille pouvait hésiter.
En effet, les faits ont été dévoilés par le procès civil
en nullité de mariage, et le procès criminel n'aug-
mentera pas le scandale (1).

De ces deux systèmes, quel est celui qu'il faut
adopter? La réponse est embarrassante. La seconde
opinion est bien raisonnable et semble assez conforme aux idées contenues dans l'exposé des motifs.
Mais elle est tellement contraire au texte de l'art. 357,
que pour l'admettre il faut consentir à déclarer que
le législateur a dit dans cet article précisément le
contraire de ce qu'il voulait dire.

J'avoue que je n'ose aller jusque-là, et je me décide, non sans hésitation, à adopter la première opinion, c'est-à-dire à reconnaître, même après que la
nullité du mariage a été prononcée, la nécessité d'une
plainte formelle par la famille de la victime du
rapt (2). Ce qui m'y détermine, c'est avant tout,
comme je viens de le dire, le texte de l'art. 357; c'est
aussi cette considération que la loi a sans doute pensé
que les parents de la victime sont seuls en état de
mesurer les périls et les avantages d'une poursuite
criminelle, et qu'ils doivent être laissés libres d'a-
gir suivant les véritables intérêts de la jeune fille.

---

(1) M. Mangin, *op. cit.*, n° 145.

(2) Quant aux formes dans lesquelles doit être faite la plainte, voyez
ce que j'ai dit à propos de la plainte en adultère (*suprà*, ch. 1, sect. 2).

CHAPITRE III.

DES DÉLITS DE DIFFAMATION ET D'INJURE.

SECTION PREMIÈRE.

De la plainte en diffamation ou injure et des formes
dans lesquelles cette plainte doit être faite.

I. Définition de la diffamation et de l'injure. En principe, ces délits
ne peuvent être poursuivis d'office par le ministère public. — II.
Exception pour les diffamations et injures envers le Président de
la République et les ministres. — III. Diffamation envers les cours
et tribunaux et autres corps énumérés par l'article 30 de la loi
du 29 septembre 1881. — IV. Diffamation envers les membres
des Chambres, les fonctionnaires publics et les simples particuliers;
question spéciale à l'égard du témoin injurié. — V. Des formes
dans lesquelles la plainte doit être faite.

I. — La loi du 29 juillet 1881 sur la liberté de la
presse, reproduisant textuellement l'article 13 de la
loi du 17 mai 1849, définit ainsi dans son article 29
la diffamation et l'injure : « Toute allégation ou im-
« putation d'un fait qui porte atteinte à l'honneur ou
« à la considération de la personne ou du corps
« auquel le fait est imputé, est une diffamation. —
« Toute expression outrageante, terme de mépris ou
« invective qui ne renferme l'imputation d'aucun
« fait est une injure. »

La diffamation et l'injure commises publiquement
constituent des délits et sont punies par la loi

de 1881 (1). Mais ces délits ne peuvent pas, en principe, être poursuivis d'office par le ministère public. Pour que le ministère public puisse agir, une plainte préalable est nécessaire.

Les motifs qui ont déterminé le législateur de 1881 à abandonner en cette matière les règles ordinaires de l'action publique sont les mêmes que ceux auxquels avait obéi le législateur de 1819. Or M. de Serre, le garde des Sceaux d'alors, disait : « C'est aux cours « et tribunaux et autres corps constitués à reconnaître « ce que dans chaque circonstance leur commande « l'intérêt de leur dignité ou de leur considération. « La publicité, cette première garantie de la justice « des jugements, serait vaine si les actes des cours « et tribunaux et ceux des autres corps constitués ne « pouvaient être librement examinés. Et ce libre exa- « men serait compromis par des poursuites trop « légèrement entreprises. » Il ajoutait en ce qui concerne les fonctionnaires publics et les particuliers : « Nul sans son consentement ne doit être « engagé dans des débats où la justice même et le

---

(1) L'injure non publique n'est qu'une contravention punie par l'art. 471 du Code pénal. Faut-il en conclure que l'injure non publique peut être poursuivie d'office par le ministère public ? Évidemment non. En effet, l'injure [non publique est *prévue* par la loi de 1881 (art. 33, § 3). Il est vrai que cet article renvoie, quant à la peine, à l'article 471 du Code pénal. Mais l'art. 46 de la loi de 1881 qui subordonne la poursuite en diffamation et injure à la plainte de la partie lésée s'applique manifestement à tous les faits de diffamation et d'injure *prévus* par cette loi.

« triomphe ne sont pas toujours exempts d'inconvé-
« nients ; et si le maintien de la paix publique semble
« demander qu'aucun délit ne reste impuni, cette
« paix gagne aussi à ce qu'on laisse se guérir d'elles-
« mêmes les blessures qui s'enveniment dès qu'on
« les touche. »

La loi a voulu, on le voit, d'une part laisser aux
parties offensées le soin d'apprécier elles-mêmes dans
quelles circonstances la poursuite est nécessaire à
leur honneur et à leur considération ; d'autre part,
mettre un frein aux poursuites légères et téméraires
qui compromettraient la dignité des corps constitués
et limiteraient arbitrairement le droit d'examen que
les citoyens peuvent exercer sur leurs actes (1). Tels
sont, je le répète, les motifs qui avaient déterminé
le législateur de 1819 ; tels sont ceux qui ont aussi
déterminé le législateur de 1881.

II. — Le Président de la République et les ministres sont seuls placés en dehors de la règle qui subordonne la poursuite à la plainte de la personne diffamée
ou injuriée. En cas de diffamation ou d'injure envers
le Président de la République ou les ministres, le
ministère public peut agir d'office (2).

---

(1) M. Faustin-Hélie, *op. cit.*, n° 799.

(2) La loi de 1881 (art. 36), parle non pas de la diffamation et
de l'injure, mais de l'offense envers le Président de la République.
Il ne faut pas s'arrêter à cette différence d'expressions. Le projet de
loi portait le mot outrage ; ce mot fut remplacé par le mot offense,

Ces deux exceptions sont-elles pleinement justi-
tifiées ? Je ne le pense pas. Quant aux ministres il
n'y avait aucune raison de les placer en dehors du
droit commun. En ce qui concerne le Président de
la République l'exception se comprend davantage (1).
Cependant, tout en rendant justice au sentiment de
la majorité qui a voulu tenir en dehors de la lutte
des partis la personne du Président de la République
on peut regretter que le législateur n'ait pas adopté
le système de ceux qui pensent que, en cette matière, le droit commun doit être appliqué au premier
magistrat de l'État (2).

L'événement semble avoir donné raison aux partisans de cette doctrine. En effet, le Président de la
République est chaque jour, de la part de la petite
presse, l'objet des plus odieux outrages; la grossiè-
reté de ces invectives n'a d'égale, il est vrai, que leur
innocuité. Le ministère public néglige de poursuivre
et il a raison ; mais alors, il était bien inutile de lui

---

sur l'observation que tel est le terme consacré quand il s'agit d'outrage adressé aux chefs d'État ; mais il a été bien entendu que ce
mot est désormais synonyme de l'expression diffamation et injure
(voy. le rapport de M. Pelletan au Sénat, *Journ. Off.* du 5 juill. 1881 ;
et le rapport de M. Lisbonne à la Chambre des députés, *Journ. Off.*
du 22 août).

(1) Voy. M. Dutruc, *Explication pratique de la loi du 29 juillet
1881*, Paris, 1883, n° 365. Voy. aussi la circulaire de M. Cazot,
garde des sceaux ; Duvergier, *Coll. des lois*, année 1881, p. 320.

(2) Voy. notamment le discours de M. Clémenceau du 13 février
1881, *Journ. Off.* du 14 février.

donner ce droit et de placer le Président de la République en dehors du droit commun.

III. — Abstraction faite de ces deux exceptions, une plainte est toujours nécessaire qu'il s'agisse de corps constitués, de membres du Parlement, de fonctionnaires ou de simples particuliers.

La loi passe en revue plusieurs catégories de personnes.

Dans le cas d'injures ou de diffamation envers les cours, les tribunaux, les armées de terre et de mer, les corps constitués et les administrations publiques, la poursuite n'a lieu que sur une délibération prise par ces corps en assemblée générale et requérant les poursuites, ou, si le corps n'a pas d'assemblée générale, sur la plainte du chef du corps ou du ministre duquel ce corps relève (art. 47, 1° et 3°).

La loi du 29 décembre 1875, pour assurer davantage la répression, autorisait la poursuite d'office pour diffamation et injure envers les tribunaux et les corps constitués. La loi de 1881, s'inspirant des motifs que j'ai indiqués tout à l'heure, est revenue au système de la loi de 1819.

Sous l'empire de la loi du 25 mars 1822 dont l'art. 5 prévoyait « la diffamation et l'injure envers « les cours, tribunaux, corps constitués, autorités « ou administrations publiques » on s'était demandé si l'armée était implicitement comprise dans cette énumération (1). La loi de 1881 fait cesser ce doute.

En dehors de cette énonciation des armées de terre et de mer, l'énumération de l'art. 30 de la loi de 1881 auquel renvoie l'art. 47 est la même que celle de la loi de 1822.

On a seulement « supprimé le mot *autorités* comme « inutile et faisant double emploi avec les corps cons- « titués et les administrations publiques (2). »

Par l'expression cours il faut entendre non seulement les cours d'appel mais encore la cour de cassation et la cour des comptes (3).

Sous l'expression générale *corps constitués* il faut évidemment entendre le conseil d'État, les conseils généraux, les conseils d'arrondissement, les conseils municipaux, le conseil supérieur de l'instruction publique, les conseils de préfecture, en un mot « tous les corps judiciaires ou administratifs auxquels est déléguée une partie de l'autorité publique (4). » M. Dutruc comprend aussi les Chambres sous l'expression de corps constitués employée par l'article 47 (5). M. Roger semble admettre de même que les Chambres diffamées ou injuriées peuvent porter plainte (6). Mais cette opinion me

---

(1) Voy. M. Dutruc, *op. cit.*, n° 224.

(2) Circulaire ministérielle précitée.

(3) Voy. M. Dutruc, *op. cit.*, n° 226.

(4) M. Faustin-Hélie, *op. cit.*, n° 793.

(5) M. Dutruc, *loc. cit.*

(6) M. Jules Roger, *Délits de presse*, Paris, 1882, p. 147.

paraît inadmissible. En effet dans le projet de loi un paragraphe de l'art. 47 décidait que l'offense envers les Chambres ne pouvait être poursuivie que sur la plainte de la Chambre offensée. La Chambre des députés ayant refusé de qualifier délit l'offense envers les Chambres, ce paragraphe fut naturellement écarté. Mais cette observation indique bien que les Chambres ne sont pas comprises sous l'expression générique « corps constitués ».

IV. — Dans le cas d'injure ou de diffamation envers un ou plusieurs membre de l'une ou l'autre Chambre la poursuite ne peut avoir lieu que sur la plainte des intéressés (art. 47, 2º). Ce paragraphe n'a besoin d'aucune explication; je rappelle seulement, que si un député ou un sénateur, un groupe de députés ou de sénateurs peuvent poursuivre la réparation d'une injure ou d'une diffamation, il n'en est pas de même de l'ensemble des députés ou des sénateurs constituant la Chambre des députés ou le Sénat.

Dans le cas d'injure ou de diffamation envers les fonctionnaires publics, les dépositaires ou agents de l'autorité publique autres que les ministres, envers les ministres des cultes salariés par l'État et les citoyens chargés d'un service ou d'un mandat public, la poursuite a lieu soit sur leur plainte, soit sur la plainte du ministre dont ils relèvent (art. 47, 3º).

Lorsqu'un fonctionnaire public est injurié ou diffamé, c'est quelquefois l'honneur de l'administration tout entière à laquelle il appartenait qui est mis en suspicion. On peut dire que presque toujours, quand un agent de l'autorité est calomnié, la partie lésée c'est l'autorité elle-même. Il était donc naturel et juste de permettre au chef hiérarchique du fonctionnaire, au ministre, de se substituer au fonctionnaire diffamé et de porter plainte en son nom. Il ne faut pas que l'inertie et la négligence d'un fonctionnaire nuisent au bon renom de l'administration de laquelle il relève et à la considération dont doivent être entourées les fonctions publiques.

Dans le cas de diffamation envers un juré ou un témoin, la poursuite n'a lieu que sur la plainte du juré ou du témoin qui se prétend diffamé (art. 40, 4°).

Sur ce parapraphe se pose une question qui a son importance.

On remarquera qu'ici le texte ne parle que de la diffamation, tandis que les paragraphes précédents parlent tout à la fois de la diffamation et de l'injure.

Faut-il, sans s'arrêter au texte de l'article, décider que, lorsqu'un témoin ou un juré a été injurié ou diffamé, la plainte de ce témoin ou de ce juré est nécessaire pour mettre en mouvement l'action publique?

Faut-il dire, au contraire, que le ministère public doit attendre la plainte du juré ou du témoin diffamé, mais qu'il peut agir d'office quand le juré ou le témoin a été simplement injurié?

C'est à cette seconde opinion que je m'arrête. Le texte de l'art. 47 est bien formel en ce sens. La loi, dans les §§ 1, 2, 3, de l'art. 47, déclare que les *diffamations et injures* dirigées contre telle et telle catégorie de personnes ne pourront être poursuivies que sur la plainte de la partie lésée; puis, passant au juré et au témoin, elle déclare, dans le § 4, *que la diffamation* ne pourra être poursuivie que sur la plainte de la partie lésée. Qu'est-ce à dire, sinon que la simple injure pourra être poursuivie d'office?

On comprend d'ailleurs la différence que la loi a faite en pareil cas entre la diffamation et l'injure, et il n'est pas extraordinaire que le législateur ait voulu rendre l'action publique indépendante dans le cas d'injure, puisque, en pareil cas, il n'est question que d'invectives plus ou moins outrageantes et nullement d'imputations, dont le juré ou le témoin puisse redouter que l'on fasse la preuve (1).

Dans le cas de diffamation ou d'injure envers les particuliers, la poursuite n'a lieu que sur la plainte de la personne diffamée ou injuriée (art. 60).

V. — Dans le cas d'offense envers les chefs d'Etat ou d'outrage envers les agents diplomatiques étrangers, la poursuite a lieu soit à leur requête, soit d'office sur leur demande adressée au ministre des affaires étrangères et transmise par celui-ci au ministre de la justice (art. 47. 5°).

---

(1) *Sic*, M. Roger, *op. cit.*, p. 149.

VI. — En résumé donc, la diffamation et l'injure ne peuvent être poursuivies que si la partie offensée juge à propos de rendre plainte.

Il faut voir maintenant dans quelles formes cette plainte doit se produire.

Il ne peut y avoir de doute pour le cas où il s'agit d'un corps constitué ayant des assemblées générales. La loi, en effet, s'est expressément expliquée à ce sujet; dans ce cas, la plainte résulte d'une délibération prise par le corps en assemblée générale ; il est donné dans une forme quelconque avis au ministère public de la décision de l'assemblée.

Il n'y a pas à craindre en effet que la plainte soit formée à la légère.

La loi a de même expressément indiqué dans quelles formes les chefs d'Etat et les agents diplomatiques étrangers peuvent rendre plainte. Il suffit qu'ils s'adressent à notre ministre des affaires étrangères. Les rapports internationaux exigeaient cette dérogation aux règles ordinaires.

J'admettrais aussi, lorsque la plainte est formée par un ministre au nom d'un corps n'ayant pas d'assemblée générale ou au nom d'un fonctionnaire relevant de lui, que la plainte peut être simplement transmise par ce ministre à son collègue de la justice. Telle était la procédure indiquée par l'art. 6 de la loi de 1875 et je ne pense pas que la loi de 1881 ait voulu innover sur ce point.

Dans tous les autres cas, c'est-à-dire qu'il s'agisse

d'un membre du Sénat ou de la Chambre des députés, d'un fonctionnaire ou d'un simple particulier, il faut que la plainte soit formée selon les règles ordinaires du Code d'instruction criminelle (1).

SECTION II.

De l'exercice de l'action.

I. Le ministère public n'est pas obligé de suivre sur la plainte en diffamation ou injure. — II. Le plaignant peut arrêter par son désistement l'action publique mise en mouvement. — Lorsque le fait imputé est l'objet d'une plainte de la part du prévenu de diffamation ou d'une poursuite d'office, il doit être sursis à la poursuite et au jugement du délit de diffamation art. 35, § 4; sens exact de cette disposition.

I. — Le ministètre public, saisi de la plainte, n'est pas obligé de poursuivre. Il a le droit d'apprécier la valeur de la plainte et de décider s'il y a lieu d'y donner suite ou non (2).

Il en est ainsi, alors même que la plainte est formée par un ministre, au nom des corps ou des fonctionnaires dont il est le chef, par le chef d'un État étranger, par un agent diplomatique, par un corps constitué. Mais dans tous ces cas « des raisons de « convenance viennent contraindre, pour ainsi dire, « l'intervention du ministère public. »

Particulièrement en ce qui concerne les plaintes

---

(1) *Contra*, M. Dutruc, *op. cit.*, n° 363.

(2) M. Faustin-Hélie, *op. cit.*, n° 802.

émanant de corps constitués, M. Faustin-Hélie s'exprime ainsi : « Si le ministère public doit, en géné-
« ral, s'associer aux plaintes qui ont pour objet les
« délits dont la poursuite est abandonnée à l'initia-
« tive des parties lésées, combien cette règle de con-
« duite n'a-t-elle pas plus de force encore quand la
« plainte émane d'un corps judiciaire ou adminis-
« tratif, quand elle a été précédée d'une délibération
« de ce corps, quand elle défère à la justice une
« offense qui paraît aux plaignants une atteinte à
« leur considération. L'inertie de l'action publique,
« en présence d'une plainte qui est entourée de ces
« garanties, ne serait-elle pas un véritable déni de
« justice (1)? »

II. — La règle générale est que l'action publique
une fois mise en mouvement ne peut plus être arrêtée
par le caprice du plaignant.

La loi de 1881 déroge à cette règle, elle décide
(art. 60) que le désistement du plaignant arrête la
poursuite commencée.

Une circonstance particulière peut en outre arrêter,
momentanément au moins, la continuation de la
poursuite. En effet l'art. 35, § 4, de la loi de 1881 est
ainsi conçu : « Envers toute personne non qualifiée,
« lorsque le fait imputé est l'objet de poursuites com-
« mencées à la requête du ministère public ou d'une

---

(1) M. Faustin-Hélie, *loc. cit.*

« plainte de la part du prévenu, il sera durant l'ins-
« truction qui devra avoir lieu sursis à la poursuite
« et au jugement du délit de diffamation. »

Quel est le sens exact de cette disposition ? L'étude
de l'historique de cet article va nous le faire connaître.

On sait que la loi autorise la preuve des faits diffa-
matoires dirigés contre un fonctionnaire public à
raison de ses fonctions. Si le fait diffamatoire est
prouvé, le prévenu de diffamation doit être renvoyé des fins de la plainte.

Le projet présenté par la commission de la Chambre des députés donnait la même solution en cas de
diffamation envers les particuliers à supposer « que
« le fait imputé fût passible d'une peine quelconque,
« et que le prévenu eût été lésé par ce fait. »

Mais sur l'observation de M. Bardoux que « c'était
« faire la brèche la plus profonde dans le célèbre mur
« de la vie privée que Royer-Collard avait proclamé
« indestructible dans les débats de la loi de 1819 »,
on renvoya l'article à la commission, qui fut chargée
de rédiger un nouveau texte dans le sens de l'observation présentée par M. Bardoux.

Or, en seconde lecture, la commission présenta son
nouveau texte, qui fut voté sans observation, et qui
est, il faut que je le rappelle, conçu de la manière suivante : « Envers toute personne non qualifiée lorsque
« le fait imputé est l'objet de poursuites commencées
« à la requête du ministère public ou d'une plainte

« de la part du prévenu, il sera, durant l'instruction
« qui devra avoir lieu, sursis à la poursuite et au
« jugement du délit de diffamation. »

Cette rédaction définitive est un peu ambiguë; mais
le rejet du texte primitif et l'adoption du principe
posé par M. Bardoux prouvent bien que le législateur n'a pas entendu laisser impunie la diffamation
même fondée envers de simples particuliers.

« Même si la vérité du fait diffamatoire, dit
« M. Roger, est établie par décision judiciaire, le
« prévenu de diffamation ne doit pas être renvoyé de
« la plainte ; c'est ce que consacre le premier vote.
« Cependant pour le cas où le sursis est accordé, la
« preuve est admise, c'est le résultat du second acte.
« Tout ce qu'on peut dire en présence de cette con-
« tradiction ; c'est que les juges tiendront compte, en
« fait, du résultat de l'affaire qui a tenu en suspens
« le procès de diffamation, et qu'ils seront moins
« sévères après une condamnation du plaignant.
« L'art. 35 *in fine* ne nous permet pas d'aller plus
« loin et d'affirmer d'une façon absolue que l'ac-
« quittement devra être prononcé ; il dit qu'il sera
« *sursis* à la poursuite et au jugement du délit de
« diffamation et rien de plus. C'est un répit accordé
« au prévenu. »

D'ailleurs, pour que le sursis soit prononcé, pour
que l'effet de la plainte soit momentanément arrêté,
peu importe que la divulgation diffamatoire ait eu
lieu avant ou après le commencement de la pour-

suite du ministère public, avant ou après la plainte déposée par le prévenu de diffamation ; mais il faut que le procès engagé soit un procès criminel ; un procès civil n'aurait aucune influence (1).

---

(1) M. Roger, *op. cit.*, p. 82.

CHAPITRE IV.

DU FAIT DE CHASSE SANS AUTORISATION SUR LE TERRAIN D'AUTRUI.

SECTION PREMIÈRE.

De la règle que le fait de chasse sur le terrain d'autrui ne peut être poursuivi que sur une plainte de la partie intéressée.

I. Le fait de chasser sans autorisation sur le terrain d'autrui est un délit. Ce délit ne peut être poursuivi que sur la plainte de la partie intéressée ; motif de cette règle. — II. Le ministère public peut agir d'office lorsque le fait de chasse a été commis dans un endroit clos et attenant à une habitation ; — III. ou sur des terres non dépouillées de leurs fruits.

I. — Le fait de chasser sans autorisation sur le terrain d'autrui est un délit, alors même que le chasseur s'est d'ailleurs conformé à toutes les prescriptions de la loi du 3 mai 1844.

Mais le ministère public n'a pas le droit de poursuivre d'office ce délit ; il doit attendre que la partie intéressée ait porté plainte.

L'article 26 de la loi du 3 mai 1844 en effet, après avoir établi dans son premier alinéa le droit de poursuivre d'office tous les délits de chasse, dit dans son dernier alinéa : « Dans le cas de chasse sur le terrain « d'autrui sans le consentement du propriétaire, la « poursuite d'office ne pourra être exercée par le

« ministère public, sans une plainte de la partie in-
« téressée, qu'autant que le délit aura été commis
« dans un terrain clos suivant les termes de l'article 2
« et attenant à une habitation, ou sur des terres non
« encore dépouillées de leurs fruits. »

Quel est le fondement de cette exception à la règle
de l'indépendance de l'action publique ? « C'est, dit
« M. Faustin-Hélie, la présomption que le pro-
« priétaire qui ne se plaint pas a consenti au fait de
« chasse. La chasse sur le terrain d'autrui n'est un
« délit qu'à défaut du consentement du propriétaire ;
« or, le délit ne peut se présumer : et, jusqu'à la
« plainte qui prouve le défaut de consentement, il
« n'existe pas ; il n'existe pas, puisque son existence
« dépend de la volonté d'un tiers, puisque ce tiers peut
« à son gré, en approuvant la voie de fait commise sur
« sa propriété, le faire disparaître. La loi ne pouvait
« donc exposer le ministère public à poursuivre dans
« tous les cas un délit qui aurait été effacé le lende-
« main de la poursuite par la volonté du propriétaire
« lésé (1). »

Je ne crois pas que ces idées soient absolument
exactes (2). S'il était vrai que, jusqu'à la plainte,
le délit n'existe pas par la raison que le propriétaire peut par son consentement ultérieur ratifier la voie de fait commise sur sa propriété, il fau-

____

(1) M. Faustin-Hélie, *op. cit.*, n° 808.

(2) Voyez cependant le discours du rapporteur de la loi à la
Chambre des pairs. Duv., *Collection des lois*, ann. 1844, p. 163.

drait raisonner de même dans le cas où le délit a été commis dans un endroit clos et attenant à une habitation ou sur des terres non dépouillées de leurs récoltes : or dans ces deux derniers cas la loi décide que le fait de chasse peut être poursuivi d'office par le ministère public, c'est-à-dire que le délit existe même avant toute plainte; — et cependant tout le monde admet, et M. Faustin-Hélie lui-même est de cet avis (1), que même alors, si le consentement est obtenu après la poursuite intentée, le délit est rétroactivement effacé.

Ce n'est donc pas pour éviter « d'exposer le ministère public à poursuivre un délit qui serait effacé le lendemain de la poursuite par la volonté du propriétaire lésé » que la loi exige une plainte préalable dans le cas spécial dont je m'occupe.

L'exception aux règles générales contenue dans l'art. 26 al. 2 de la loi de 1844 s'explique par cette considération que le fait de chasser sans autorisation sur les terres d'autrui, lorsqu'il n'est d'ailleurs accompagné d'aucune circonstance aggravante, ne porte qu'une atteinte insignifiante à l'ordre public, que ce délit ne peut être dans l'état actuel de nos mœurs assimilé à un vol même sans importance (2). Il importe d'autre part, dans l'intérêt de la paix pu-

----

(1) M. Faustin-Hélie, *op. cit.*, nos 809 et 810. Cela résulte d'ailleurs formellement des travaux préparatoires de la loi de 1844 (voy. Duv., *loc. cit.*).

(2) Voy. l'exposé des motifs, Duv., *op. cit.*, p. 82.

blique, que cette infraction légère ne soit pas réprimée d'office; lorsque, par esprit de conciliation, le propriétaire a consenti à pardonner l'usurpation commise sur ses terres, il ne faut pas que le ministère public puisse indiscrètement intenter une poursuite, dont l'effet certain serait de susciter des haines et d'altérer les rapports de bon voisinage, plus nécessaires à la campagne que partout ailleurs. Si tel est le véritable fondement de la règle posée par l'article 26, l'économie de la loi s'explique facilement et l'on comprend que, toutes les fois qu'une atteinte sérieuse est portée à l'ordre public, le ministère public retrouve son droit de poursuivre d'office.

C'est ce qui arrive lorsque le fait de chasse a lieu dans un endroit clos et attenant à une habitation ou sur des terres non dépouillées de leurs fruits (1).

II. — Si le fait de chasse a été commis dans un endroit clos et attenant à une habitation, le ministère public peut poursuivre d'office. « La loi a voulu « étendre la surveillance du ministère public aux « faits de chasse qui menacent la sûreté des pro- « priétés; elle a voulu que les petits propriétaires « fussent protégés contre les dévastations que la

---

(1) Bien entendu s'il y avait fait de chasse sans permis, ou au moyen d'engins prohibés, la circonstance aggravante que le fait a été commis sans autorisation sur le terrain d'autrui ne pourrait avoir pour effet d'obliger le ministère public à attendre la plainte du propriétaire.

« chasse entraîne après elle et contre lesquels ils
« n'osent pas toujours réclamer (1). »

Il faut, pour que la poursuite puisse avoir lieu d'office, que l'endroit soit *clos*, c'est-à-dire entouré d'une
« clôture continue faisant obstacle à toute communi-
« cation avec les héritages voisins. » (art. 2).

Il faut, de plus, que l'endroit soit *attenant* à une
habitation; il ne suffirait pas qu'il fût *dépendant*
d'une habitation (2).

III. — Le ministère public peut aussi agir d'office
si le fait de chasse a eu lieu sur des terres non encore
dépouillées de leurs fruits. La société tout entière est
en effet intéressée à la conservation des récoltes (3).

Que faut-il entendre par cette expression « terres
non encore dépouillées de leurs fruits? »

Faut-il décider, en s'attachant strictement aux
termes de l'article 26, que le ministère public peut
poursuivre d'office toutes les fois que le fait de chasse
a eu lieu non-seulement sur des terres couvertes de

------

(1) M. Faustin-Hélie, *op. cit.*, n° 809.

(2) MM. Giraudeau, Lelièvre et Soudée, *La Chasse.* Paris 1882,
n° 288.

(3) Cependant si le délit de chasse était commis par le fermier du
champ ensemencé, propriétaire par conséquent des récoltes, le ministère public ne pourrait agir que sur une plainte du propriétaire.
(*Sic*, MM. Giraudeau, Lelièvre et Soudée, *op. cit.*, n° 1065). Cela
résulte de ce que j'ai dit plus haut que, au cas de chasse sur des
terres non dépouillées de leurs fruits, la poursuite du ministère public est arrêtée par la déclaration de la partie intéressée que le fait a
eu lieu de son consentement.

récoltes, mais même sur des terres seulement ensemencées ou encore sur des terres couvertes de productions qui ne sont pas à proprement parler des fruits ?

L'intention unique du législateur a été manifestement de protéger les récoltes. Je pense donc que toutes les fois qu'un fait de chasse a été commis sur des terres chargées de productions n'ayant pas le caractère de fruits de la terre, ou encore sur des terres chargées de fruits qui ne peuvent, à cause de leur état de maturité peu avancé, éprouver un dommage sérieux du passage des chasseurs, le ministère public doit attendre pour poursuivre la plainte du propriétaire.

Je crois en conséquence que les tribunaux devraient repousser la poursuite d'office du ministère public contre des personnes ayant chassé sans autorisation sur des terres couvertes d'une luzerne dont la deuxième coupe a été faite et qui n'est plus destinée à être fauchée de l'année (1), ou sur des terres renfermant des pommes de terre, alors que les tubercules sont enfouis dans le sol (2), ou sur un champ planté de jeunes osiers (3), parce que ces productions ne sont pas des fruits dans le sens de l'art. 26, qui n'a eu en vue, cela paraît certain, que les récoltes proprement dites, c'est-à-dire les grains et graines et les

---

(1) Orléans, 22 octobre 1824. Dall., 44, 5, 78.
(2) Même arrêt.
(3) Grenoble, 19 mars 1846. Dall., 46, 2, 184.

foins. Il faut donner la même solution si des blés, des avoines, des seigles, c'est-à-dire des fruits de la terre proprement dits, sont dans un état de maturité si peu avancé que le passage des chasseurs sur les terrains que couvrent ces fruits n'a pu causer aucune dommage. La question de savoir si le passage des chasseurs a pu causer du dommage aux fruits est une question de fait dont la solution dépend de la nature des fruits, des variations des saisons et des usages locaux. Cette question, pour laquelle les juges du fait sont souverains, devra être tranchée tout d'abord, et, selon qu'elle le sera dans un sens ou dans l'autre, la poursuite d'office du ministère public sera ou ne sera pas recevable. Il semble donc que la Cour de cassation a eu tort de poser en principe qu'au 16 janvier, une terre emblavée de froment souffre du passage des chasseurs (1).

Les idées que je viens de présenter répondent bien, je le crois du moins, à l'intention du législateur de 1844. En effet, le projet de loi portait les expressions « produits de la terre » « terres ensemencées ». Elles furent remplacées par celles-ci : « fruits de la terre », « terres non dépouillées de leurs fruits ». La raison de ce changement a été ainsi exposée par le rapporteur de la loi à la Chambre des pairs : « Il existait « dans les termes du projet une expression trop « large, d'un sens trop général. Cette expression est

____

(1) Cass., 16 novembre 1837. Dall., 38, 1, 210.

« celle-ci : *chargées de leurs produits*. Adopter ces
« mots, c'était en réalité supprimer la chasse, car
« c'était la restreindre aux terres en jachères. Nous
« avons cru convenable de nous servir des expres-
« sions consacrées par la loi de 1790 et nous avons
« dit : *sur les terres ensemencées et non encore*
« *dépouillées de leurs fruits*. Il ne suffit donc pas
« que la terre soit ensemencée ; ces expressions *et*
« *non encore dépouillées de leurs fruits* supposent
« qu'il y a déjà des fruits, par exemple que le blé
« est en tuyau (1). » A la Chambre des députés, le
rapporteur s'est exprimé ainsi : « La jurisprudence
« avait admis que c'est aux tribunaux chargés de
« l'application de la loi pénale à décider la question
« de savoir si les plantes qui couvraient la terre
« devraient être considérées comme des fruits. Il ne
« sera rien innové à cet égard ; les tribunaux devront
« apprécier les faits et ils ne manqueront pas de
« remarquer, en le faisant, que la loi a eu en vue le
« dommage qui peut être causé au propriétaire par
« la destruction de ses fruits, et que cette destruction
« n'est possible qu'autant qu'il y a des fruits (2). »

______

(1) Duv., *op. cit.*, p. 140.
(2) Duv., *op. cit.*, 141.

SECTION II.

Qui peut porter plainte et comment la plainte doit être formée.

I. Ceux-là seuls à qui appartient le droit de chasse peuvent porter plainte. — II. La plainte doit être faite conformément aux règles du Code d'instruction criminelle. — III. Le désistement du plaignant n'arrête pas la poursuite.

I. — L'art. 26 de la loi de 1844, porte que la poursuite ne pourra être exercée sans une plainte « de la partie intéressée ». L'expression est vague.

Que faut-il donc entendre par partie intéressée ? Je crois que peuvent porter plainte toutes les personnes à qui le droit de chasse appartient et ces personnes-là seulement, c'est-à-dire soit le propriétaire, usufruitier ou emphytéote, soit le cessionnaire du droit de chasse. Le fermier des terres peut porter plainte s'il a le droit de chasse, il ne le peut pas dans le cas contraire (1).

Cependant, même s'il n'a pas le droit de chasse, le fermier peut poursuivre la réparation de tout dommage à lui causé par un fait de chasse, mais alors, il doit s'adresser au tribunal civil et fonder sa récla-

---

(1) Mais quand le fermier a-t-il le droit de chasse ? Ce droit lui appartient-il quand le bail ne contient aucune clause à ce sujet ? Cette question ne se présente plus que rarement en pratique, car presque tous les baux s'expliquent formellement à ce sujet. Mais elle a donné lieu, dans la science, à une discussion très vive et très intéressante, qui dure encore.

mation sur le principe de l'art. 1382; il ne pourrait
pas agir devant le tribunal correctionnel (1).

Si le fait de chasse sur le terrain d'autrui se com-
pliquait de la circonstance aggravante que le fait a
eu lieu sur des terres non dépouillées de leurs fruits,
le fermier reprendrait le droit, qui appartient à toute
personne lésée par un délit, de porter son action civile devant le tribunal correctionnel et de mettre ainsi
en mouvement l'action publique (2).

Toutes les personnes à qui appartient le droit de
chasse, ai-je dit, peuvent rendre plainte. Ainsi, lorsque la chasse est louée à plusieurs personnes, et que
la location leur donne un droit intégral, chacune
d'elles peut agir en justice isolément pour faire réprimer les délits de chasse (3).

Faut-il considérer comme saisis du droit de chasse
à l'égard des tiers seulement ceux à qui le droit
de chasse a été consenti par écrit et qui ont pris soin
de faire enregistrer le bail? En d'autres termes, le
locataire verbal d'un droit de chasse et celui qui n'a
pas fait enregistrer son bail, peuvent-ils poursuivre les délinquants devant le tribunal correctionnel? L'affirmative est généralement admise, et
avec raison. Il est vrai que, aux termes de l'art. 1328,

---

(1) *Sic*, Duv., *op. cit.*, p. 167.— Voy. aussi MM. Giraudeau, Lelièvre et Soudée, *op. cit.*, n° 1073, et les arrêts cités sous ce numéro.
(2) MM. Giraudeau, Lelièvre et Soudée, *op. cit.*, n° 1075.
(3) Metz, 10 février 1864. Dall. 66, 2, 207.

« les actes sous seing privé n'ont dé date contre les
« tiers que du jour où ils ont été enregistrés, du jour
« de la mort de celui ou de l'un de ceux qui les ont
« souscrits, ou du jour où leur substance est constatée
« dans des actes dressés par des officiers publics, tels
« que procès-verbaux de scellés ou d'inventaire. »

Mais, « il n'est pas possible de voir dans le chasseur
« non autorisé, et n'ayant d'autre intérêt que celui
« qu'il s'est créé lui-même par son propre délit (1), »
un de ces tiers dont parle l'art. 1328 (2).

Au contraire, s'il s'agissait de personnes ayant
successivement traité avec le propriétaire, l'art. 1328
serait applicable et le premier cessionnaire dont le
bail ne serait pas enregistré n'aurait pas qualité
pour actionner le second cessionnaire (3).

Celui qui n'a obtenu qu'une *simple permission* de
chasse ne peut pas être rangé parmi ceux à qui appartient le droit de chasse. Il serait donc sans droit
pour se plaindre des faits de chasse commis sur les
terres sur lesquelles il lui est permis de chasser (4).

J'ai dit que ceux-là seulement peuvent porter
plainte à qui appartient le droit de chasse.

Il en résulte que le propriétaire qui a affermé sans
restriction la chasse de son domaine serait sans

---

(1) Metz, 12 février 1857. Dall. 57, 2, 128.

(2) Metz, 1er mars 1854. Dall. 54, 2, 266; — Cass., 13 décembre
1855, Dall. 56, 1, 144.

(3) Cass., 16 juillet 1869, Dall., 69, 1, 135.

(4) MM. Giraudeau, Lelièvre et Soudée, *op. cit.*, n° 1077.

droit pour porter plainte contre le fait de chasse commis sur ce domaine.

En cédant le droit de chasse sans restriction, le propriétaire a en effet transféré au cessionnaire, pour la durée du bail, tous les droits qu'il avait lui-même quant à la chasse ; il n'en a retenu aucun ; le fermier de la chasse a donc le droit de concéder des permissions de chasse sur les terres louées. Or, cette faculté incontestable qui appartient au fermier de la chasse, cette faculté qu'il a de pardonner à ceux qui ont empiété sur son droit exclusif serait inconciliable avec la faculté pour le propriétaire de poursuivre les faits de chasse commis sur des terres, sur lesquelles il n'a plus, momentanément, aucun droit relativement à la chasse. On peut objecter, il est vrai, que le propriétaire ayant toujours intérêt à la conservation du gibier, il lui appartient de poursuivre, concurremment au fermier de la chasse, les faits qui peuvent la compromettre. Mais cette objection n'est pas concluante. En effet, si par sa négligence à poursuivre la répression du braconnage, par l'octroi de permissions trop nombreuses, ou par une tolérance exagérée, le fermier compromet la conservation du gibier ; s'il ne jouit pas de la chasse en bon père de famille, les principes généraux du droit autorisent le propriétaire à se pourvoir devant les tribunaux civils qui prononceront la résiliation du bail ou accorderont des dommages-intérêts. Mais, je le répète, le propriétaire ne peut exercer un droit qu'il a trans-

féré au locataire en concédant le droit de chasse ; il
ne lui est pas permis de faire un acte contraire à la
convention intervenue entre son locataire et lui.

Faut-il donner la même solution lorsque le fait de
chasse a été commis dans des bois soumis au régime
forestier (1)?

L'art. 159 du Code forestier décide, à la vérité, que
« l'administration forestière est chargée des pour-
« suites en réparation de tous délits et contraventions
« commis dans les bois et forêts soumis au régime fo-
« restier. » On doit cependant décider que, en cas de
concession sans restriction ni limites du droit de
chasse dans ces bois et forêts, le fermier de la chasse
se trouve mis à la place de l'administration et a reçu
la dévolution de toutes les actions que celle-ci pouvait exercer ; que le fermier de la chasse ayant, en
ce cas, le droit de faire chasser avec lui ou sans lui
telles personnes et autant de personnes qu'il veut,
l'administration forestière s'exposerait, en poursuivant, à recevoir un démenti de sa part (2).

Si, au contraire le cahier des charges n'accordait
au fermier de la chasse que des droits restreints, ne
l'autorisait par exemple à ne faire chasser qu'un
nombre limité de personnes « alors il serait raison-

---

(1) Les bois et forêts soumis au régime forestier sont énumérés
dans l'article 1 du Code forestier.

(2) *Sic,* Duv., *op. cit.,* p. 167 ; — *Contra,* Cass. 23 mai 1835,
Dall., 35, 1, 324 ; Cass. 23 février 1844, Dall., 44, 1, 22 ; — Comp.
M. Petit, *Traité du droit de chasse,* t. 1, p. 378.

« nable de dire qu'il n'a reçu que des permissions
« de chasse plus ou moins personnelles, et que, l'ad-
« ministration forestière lui ayant cédé non pas tous
« ses droits mais seulement une partie de ses droits,
« ne fait, en portant plainte d'un délit de chasse,
« que veiller à la conservation des droits qu'elle
« s'est réservés (1). »

II. — Dans quelles formes la plainte doit-elle être
faite ?

La plainte doit être faite selon les règles du droit
commun (2). Il n'est pas douteux, par conséquent,
« que la plainte doit être signée, ou qu'il faudrait
« du moins, si l'on ne savait pas écrire, que l'on fît sa
« réquisition au parquet (3). »

La Cour de Besançon a jugé cependant que la re-
mise du procès-verbal constatant le délit faite par
le propriétaire au procureur de la République, équi-
valait à une plainte (4). Mais cette solution me paraît
inadmissible.

Par conséquent aussi la plainte doit émaner du
plaignant lui-même ou de son fondé de procuration
spéciale ; un garde particulier n'aurait pas qualité,
par sa seule fonction, pour porter plainte (5).

---

(1) Duv., *loc. cit*.
(2) Voy. *Supr*. introd.
(3) MM. Giraudeau, Lelièvre et Soudée, *op. cit*., n° 1066.
(4) Besançon, 9 juin 1844, Dall., 45, 4, 77.
(5) *Sic*, M. Leblond, *Code de la Chasse*, n° 335.

III. — La personne à qui appartient le droit de chasse est libre de ne pas porter plainte ; elle peut à son choix mettre ou ne pas mettre en mouvement l'action publique. Mais une fois que l'impulsion a été donnée à l'action publique, le désistement du plaignant n'a pas pour effet d'arrêter les poursuites ; le ministère public peut les continuer ; il peut, par conséquent, interjeter appel ou se pourvoir en cassation alors que le plaignant garde le silence ou même manifeste expressément une volonté contraire. La jurisprudence est bien établie en ce sens (1).

APPENDICE.

DU FAIT DE PÊCHE SANS L'AUTORISATION DE CELUI A QUI LE DROIT DE PÊCHE APPARTIENT.

Le fait de chasse sans autorisation sur le terrain d'autrui ne peut être poursuivi par le ministère public que sur la plainte de celui à qui le droit de chasse appartient. Faut-il décider de même que celui qui a pêché sans autorisation dans les eaux d'un particulier ne peut être poursuivi que sur la plainte de ce particulier ?

Cette question a donné lieu à deux systèmes :

Premier système. — Le principe que le fait de

---

(1) Voy. notamment Cass. 13 décembre 1855, Dall. 56, 1. 144.

chasse sur une propriété particulière ne peut être poursuivi que sur la plainte du propriétaire lésé doit être étendu au fait de pêche.

L'assimilation entre le fait de chasse et le fait de pêche était admise, dès avant la loi du 15 avril 1829 relative à la pêche fluviale ; cette assimilation paraissait autorisée par l'identité qui existe entre la faculté que la loi accorde à un propriétaire de se saisir du gibier qui se trouve sur son terrain et celle qu'elle reconnaît au propriétaire riverain de se saisir du poisson qui se trouve dans les eaux qui parcourent les limites de sa propriété.

La question d'ailleurs ne peut plus faire de doute depuis le vote de la loi sur la pêche fluviale. Cette loi consacre manifestement la nécessité d'une plainte par le propriétaire lésé ; elle étend même la règle aux fermiers de la pêche et aux porteurs de licence.

L'art. 65 de la loi du 15 avril 1829 dispose en effet que « les délits qui portent préjudice aux fermiers « de la pêche, aux porteurs de licences et aux proprié- « taires riverains, seront constatés par leurs gardes ; » et l'art. 67 ajoute « les poursuites et actions seront « exercées au nom et à la diligence des parties inté- « ressées. » Ces expressions « au nom et à la diligence des parties intéressées » sont synonymes de celles-ci : « sur la plainte des parties intéressées ou sur leur citation directe. »

Le ministère public ne peut donc pas poursuivre d'office le fait de pêche sans autorisation dans les eaux des particuliers, fait qui ne porte pas atteinte à la police générale de la pêche.

L'art. 36 confirme cette manière de voir. Il décide en effet qu'il appartient aux agents spéciaux institués par le gouvernement pour la surveillance et la police de la pêche dans l'intérêt général ainsi qu'au ministère public de poursuivre d'office les délits spécifiés dans le titre IV de la loi. Or, le fait dont il s'agit, fait de pêche sans autorisation dans les eaux des particuliers est prévu par l'art. 5, et cet article se trouve non pas dans le chapitre IV, mais dans le chapitre Ier de la loi (1).

Deuxième système. — A la différence de ce qui a lieu pour les délits de chasse, le ministère public a le droit de poursuivre les délits de pêche commis au préjudice du propriétaire, sans qu'une plainte préalable de celui-ci soit nécessaire.

Il importe de rappeler les règles générales. En principe tous les délits peuvent être poursuivis d'office par le ministère public. Quelques-uns ont été exceptionnellement mis par la loi en dehors de la règle. S'il y a un texte rangeant dans l'exception le délit qui nous occupe, le premier système doit être suivi. Mais il n'est pas permis en matière exceptionnelle de raisonner par induction.

Or aucun texte n'établit, en cas de pêche dans les eaux d'un particulier, la nécessité d'une plainte préa-

______

(1) *Sic,* M. Mangin, *op. cit.,* n° 159.

lable de celui-ci. Cette seule considération suffirait à faire repousser le premier système.

Mais la loi du 15 avril 1829, loin de déroger au principe général, l'a au contraire formellement sanctionné. En effet, après avoir déclaré dans son article 23 que sa protection s'étend sur tous les fleuves, rivières, canaux, ruisseaux ou cours d'eau quelconques, elle dispose (art. 26) que le gouvernement exerce la surveillance et la police de la pêche dans l'intérêt général et que les officiers de la vindicte publique exercent, conjointement avec les agents spéciaux par lui institués à cet effet, toutes les poursuites et actions en réparation de ces délits, en quelques lieux qu'ils soient commis. Mais, dit-on, l'article 67 déroge à ces dispositions; il n'en est rien, cet article en « accordant aux parties intéressées le droit d'exercer les poursuites et actions » ne fait que reconnaître l'action civile qui leur est ouverte selon le droit commun par les articles 1 et 3 du Code d'instruction criminelle (1).

On se convaincra d'ailleurs que cette interprétation est fondée si l'on jette un coup d'œil sur la discussion à laquelle a donné lieu l'article 36. La commission de la Chambre des pairs désirant sanctionner les décisions de la jurisprudence, alors universellement admise, suivant laquelle le ministère public ne pouvait pas agir d'office contre le délit de pêche sans

---

(1) *Sic*, M. Faustin-Hélie, *op. cit.*, n°s 818 et 819.

autorisation dans les eaux des particuliers, proposait que l'article 46 fut ainsi rédigé : Les procès-verbaux dressés par les fonctionnaires publics pour des infractions portant atteinte au droit de pêche appartenant à des particuliers ou aux adjudicataires seront remis aux parties intéressées. Cette proposition fut rejetée sur cette observation que le ministère public devait pouvoir poursuivre la répression des infractions prévues et punies par l'article 5, et les mots *seront remis aux parties intéressées* furent remplacés par ceux-ci « *seront remis au procureur du Roi* (1). »

____

(1) Voy. Duv., *op. cit.*, ann. 1829, p. 40 et suiv.

CHAPITRE V.

DES CRIMES ET DÉLITS DES FOURNISSEURS DES ARMÉES DE TERRE ET DE MER.

I. Les crimes et délits commis par les fournisseurs des armées de terre et de mer ne peuvent être poursuivis que sur une plainte du gouvernement ; motif de cette règle. — II. Dans quelles formes cette plainte doit être faite et par qui elle peut l'être ?

I. — Celui qui, étant « chargé comme membre d'une compagnie ou individuellement de fournitures d'entreprises ou de régies pour le compte des armées de terre et de mer fait manquer, sans y être contraint par une force majeure, le service dont il est chargé » commet un crime (art. 430 du Code pénal).

Le simple retard apporté par suite de négligence, dans les livraisons et les travaux, de même que la fraude sur la qualité ou la quantité des travaux ou main-d'œuvre ou des choses fournies constituent des délits. (Art. 433, al. 1).

Les crimes et délits prévus par les articles 430 et 433 al. 1 ne peuvent être poursuivis par le ministère public que sur une dénonciation du Gouvernement.

On comprend sans peine le motif de cette disposition. La loi a pensé qu'une poursuite indiscrète présenterait quelquefois plus de dangers pour l'Etat que ne peut faire l'impunité ; « l'exercice intempestif de « l'action publique en effet pourrait entraver impor-

« tunément un service dont l'exact et régulier ac-
« complissement peut être d'un intérêt majeur pour
« l'Etat (1). »

II. — Dans quelles formes la plainte doit-elle être
faite et de qui doit-elle émaner ?

Bien que le texte de la loi paraisse indiquer qu'un
décret du chef de l'Etat est nécessaire (2) on admet
généralement que par le mot gouvernement il faut
entendre les ministres de la Guerre ou de la Marine
et que la plainte peut résulter d'une lettre dans laquelle le ministre de la Guerre ou le ministre de la
Marine dénonce expressément la faute du fournis-
seur et requiert la poursuite (3).

Mais un préfet maritime n'aurait pas qualité pour
dénoncer les faits prévus et punis par les articles 430
et 433. En effet « le ministre, chef suprême de son
« administration, en qui se personnifie le gouverne-
« ment, est seul en position d'apprécier à tous les
« points de vue les besoins du service de son départe-
« ment et de reconnaître si la poursuite peut être
« introduite sans danger (4).-»

---

(1) Cass., 13 juillet 1860, Dall. 60, 1, 362.
(2) Voy. M. Faustin-Hélie, *op. cit.*, n° 805.
(3) *Sic*, M. Blanche, *op. cit.*, n° 488.
(4) Cass., arrêt précité.

CHAPITRE VI.

DU DÉLIT DE CONTREFAÇON.

De la contrefaçon des inventions brevetées.

I. La contrefaçon des inventions brevetées est un délit ; ce délit ne peut être poursuivi que sur la plainte de la partie lésée ; critique de cette dérogation aux principes généraux. — II. Ce qu'il faut entendre par partie lésée. — III. La plainte doit être faite conformément aux règles du Code d'instruction criminelle. — IV. Le désistement du plaignant n'arrête pas la poursuite du ministère public.

I. — La société est intéressée à la divulgation des inventions nouvelles. Pour éviter le danger des secrets de fabrique, et aussi pour donner aux inventeurs une juste rémunération du service par eux rendu (1), la loi accorde un privilége aux inventeurs qui rendent publiques leurs inventions. Elle leur concède un droit exclusif d'exploitation pendant une durée de quinze années ; et, afin de garantir d'une manière efficace la jouissance de ce droit, elle qualifie délit et punit d'une amende et même de la prison en cas de récidive toute atteinte qui y est portée. Puisque le législateur de 1844 consentait à considérer comme un délit, la contrefaçon des inventions brevetées, il semble qu'il aurait dû appliquer

____

(1) Voy. les travaux préparatoires de la lo de 1844. Duv. *op. cit.*, ann. 1844, p. 553.

à la répression de la contrefaçon les règles ordinaires de l'action publique et autoriser en cette matière le ministère public à poursuivre d'office. Il s'est arrêté à une solution opposée et il a décidé que l'action correctionnelle pour l'application des peines qu'il édictait contre les contrefacteurs ne pourrait être exercée par le ministère public que sur la plainte de la partie lésée (art. 44).

Pour justifier cette disposition, il a été dit dans l'exposé des motifs que « dans le silence de la partie « lésée, on peut penser qu'elle a consenti, soit expres- « sément soit tacitement, aux actes contraires à ses droits exclusifs (1). »

M. Pouillet dit de même : « La disposition de « l'art. 45 est juste ; car nul autre que le breveté ne « sait exactement quelles sont les circonstances de la « prétendue contrefaçon ; il peut avoir donné son « consentement exprès ou tacite à l'emploi des pro- « cédés brevetés à son profit ; il peut avoir des raisons, « raisons de famille ou d'intérêt commercial, à tolé- « rer une contrefaçon dont il ne souffre pas. Tant « que le breveté ne réclame pas contre l'usurpation « dont il est victime, tant qu'il ne revendique pas « ses droits, pourquoi le ministère public agirait-il ? « Pourquoi la société se montrerait-elle plus vigilante « que l'inventeur (2) ? »

---

(1) Duv., *op. cit.*, p. 563.
(2) M. Pouillet, *Brevets d'invention*, n° 746.

Ces considérations n'ont pas convaincu M. Faustin-Hélie. « Il est certain, dit cet auteur, que le ministère
« public, fût-il libre d'exercer une poursuite d'office,
« ne pourrait l'intenter sans avoir entre les mains
« les éléments du délit, et, par conséquent, il faut
« écarter la crainte des poursuites téméraires apportant d'inutiles entraves à l'industrie. Cela posé,
« pourquoi imposer aux parties lésées l'obligation
« d'intervenir? Ne suffit-il pas qu'elles mettent le ministère public à même de prouver le délit? S'il est
« vrai que la contrefaçon présente, dans un grand
« nombre de cas, les caractères de la spoliation la
« plus éhontée, n'y a-t-il pas un intérêt public indé-
« pendant de l'intérêt lésé à ce que cette fraude soit
« alors réprimée (1). »

D'ailleurs, puisque la société passait un contrat à titre onéreux avec l'inventeur; puisque, en échange du service à elle rendu par celui-ci, elle consentait à qualifier de délit la contrefaçon, il eût été loyal d'en assurer la répression avec autant d'énergie que la répression des autres infractions à la loi pénale.

Quoi qu'il en soit, pour que le ministère public puisse poursuivre le délit de contrefaçon, il faut une plainte de la partie lésée.

II. — Cette partie lésée, qui est-elle? Il faut donner ici une réponse analogue à celle donnée en matière

---

(1) M. Faustin-Hélie, *op, cit.*, n° 822.

de fait de chasse sans autorisation sur le terrain d'autrui (1). Par parties lésées il faut entendre toutes les personnes à qui appartient le droit exclusif constaté par le brevet et ces personnes-là seulement.

De cette idée découlent naturellement les solutions suivantes.

Peuvent porter plainte : d'abord évidemment le titulaire du brevet et l'usufruitier du brevet (2). Le peut aussi celui à qui le brevet a été cédé sans restriction ni limites. Dans ce cas l'inventeur, ayant aliéné tous ses droits, n'a plus qualité pour porter plainte. Si le brevet a été cédé par l'inventeur successivement à deux personnes, le droit appartient à celle des deux qui a, la première, fait enregistrer l'acte de cession, conformément à l'art. 20 al. 3.

Souvent, sans se dépouiller de son brevet, le breveté accorde à un tiers le droit d'exploiter son invention. On dit alors qu'il y a, non pas cession du brevet, mais « *concession d'une licence* ». Le concessionnaire de licence ne peut pas porter plainte.

III. — La plainte doit être formée selon les règles du Code d'instruction criminelle; en effet, aucun texte de la loi de 1844 n'établit de règles spéciales en ce qui concerne la plainte en contrefaçon.

IV. — La plainte de la partie lésée est nécessaire;

---

(1) Voy. *Supr.*, ch. IV, sect. II.
(2) Rouen, 2 juin 1869, Dall., 74, 5, 46.

mais, cette plainte une fois déposée, le ministère public reprend tous les droits que lui confère le Code d'instruction criminelle.

Il faut décider, en conséquence, que le désistement du plaignant n'a pas pour effet d'arrêter la poursuite commencée.

L'opinion contraire a cependant été soutenue. On a dit : la loi de 1844 (art. 45) ne porte pas, comme par exemple l'art. 357 du Code pénal, que le délinquant *ne pourra être poursuivi*, elle porte que l'*action ne pourra être exercée* que sur la plainte de la partie lésée ; le sens de ces mots ne semble pas douteux ; il ne suffit pas que la partie lésée donne l'impulsion à l'action publique ; il faut encore qu'elle exerce cette action ; son concours est nécessaire (1).

On doit répondre que l'idée émise que l'action publique doit être exercée par la partie lésée est absolument contraire aux principes généraux du droit, qui attribuent exclusivement l'exercice de cette action aux magistrats du ministère public; et qu'il est, en conséquence, naturel de penser que le législateur de 1844 n'a entendu parler dans l'art. 45 que de l'initiative de la poursuite. « Soumettre l'action publique « non-seulement, à la condition de la plainte mais « encore à la condition du concours de la partie « au procès, ce serait ajouter une nouvelle exception « à la première ; or, cette condition ne pourrait ré-

---

(1) *Sic*, M. Renouard, *Brevets d'invention*, n° 223.

« sulter que d'une disposition explicite et précise. Le
« propriétaire de l'invention est maître de l'action,
« puisqu'il peut s'abstenir de porter plainte ; mais,
« lorsqu'il a saisi la justice, il ne peut dépendre de
« sa volonté de la dessaisir, puisque la transaction
« même qu'il aurait consentie n'effacerait pas le
« délit (1). »

La Cour de cassation s'est prononcée en ce sens
par son arrêt du 2 juillet 1853, arrêt qui contient
les considérants suivants : « Vu l'art. 45 de la loi du
5 juillet 1844 et l'art. 4 du Code d'instruction criminelle : attendu que le premier de ces articles exige
seulement la plainte préalable de la partie lésée pour
l'exercice de l'action publique ; d'où il suit que cette
plainte portée, le ministère public recouvre toute
son indépendance, et que, loin que son action puisse
être à la merci de l'intérêt, de la volonté ou du caprice de la partie lésée, elle rentre dans l'application
de l'art. 4 du Code d'instruction criminelle qui
porte que la renonciation à l'action civile ne peut arrêter, ni suspendre l'exercice de l'action publique ;
que cette dernière disposition est générale et d'ordre
public ; et qu'elle ne reçoit exception qu'au cas où il
y a été formellement dérogé par la loi ; que cette
dérogation ne résulte ni de l'art. 45 précité ; ni d'aucune autre disposition de la loi (2). »

---

(1) M. Faustin-Hélie, *op. cit.*, n° 823 ; —*Sic*, M. Pouillet, *op. cit.*,
n° 748.

(2) Cass., 2 juillet 1853, Dall., 54, 1, 366.

Cette solution doit être admise, même au cas où le désistement de la plainte a lieu avant la mise en prévention.

C'est ce qu'a décidé la Cour de Paris dans un arrêt qui contient notamment ceci : « L'intérêt général exige que les délinquants soient punis et que la crainte de ne pouvoir échapper à la justice en cas de poursuites, même en désintéressant la partie lésée, retienne dans le devoir ceux qui seraient tentés de commettre un délit. Tel est le fondement de l'art. 4 du Code d'instruction criminelle, et il ne peut être dérogé à la règle générale posée par cet article que si une dérogation expresse est écrite dans la loi (1). »

APPENDICE.

LA CONTREFAÇON , QUAND ELLE N'A PAS POUR OBJET DES INVENTIONS BREVETÉES , PEUT ÊTRE POURSUIVIE D'OFFICE.

On entend par contrefaçon, et la contrefaçon est toujours un délit, l'atteinte portée aux droits exclusifs non-seulement des auteurs d'inventions brevetables, mais des inventeurs de dessins ou modèles de fabrique, des propriétaires de marques de fabrique, emblématiques ou nominales, et des auteurs ou artistes. Il n'y a que la contrefaçon des inventions

---

(1) Paris, 20 janvier 1852, Dall., p. 52, 2, 207.

brevetées qui ne puisse être poursuivie que sur la plainte de la partie lésée. En toute autre matière, le ministère public peut agir d'office contre les contrefacteurs ; un examen rapide des diverses branches de la propriété industrielle artistique et littéraire montrera l'exactitude de cette proposition.

Dessins et modèles de fabrique. — Les textes qui s'appliquent à cette matière sont la loi du 18 mars 1806 et les art. 425 à 427 et 429 du Code pénal.

La loi du 18 mars 1806 ne s'occupe pas de la contrefaçon, mais l'art. 425 du Code pénal décide que toute édition de dessins imprimée ou gravée est une contrefaçon et l'art. 427 fixe la peine qui doit être prononcée contre le contrefacteur.

La contrefaçon des dessins et modèles de fabrique, étant prévue et punie par le Code pénal, est évidemment poursuivie conformément aux principes généraux. Un projet de loi voté par le Sénat en 1879, mais que la Chambre n'a pas encore ratifié, décide que désormais une plainte préalable de la partie lésée sera nécessaire.

Marques emblématiques ou figuratives. — La loi du 27 juin 1857 ne porte aucune dérogation aux règles générales quant à la poursuite. On comprend d'ailleurs qu'il est nécessaire que le ministère public puisse poursuivre d'office, en pareille matière ; car la contrefaçon des marques est un fait extrêmement grave, qui intéresse non-seulement le propriétaire de la marque contrefaite mais aussi le consommateur.

Nom commercial. — La loi du 28 juillet 1824 décide dans son art. 1er que le fait « d'apposer ou de faire apparaître par addition, retranchement ou par une altération quelconque sur les objets fabriqués le nom d'un fabricant autre que celui qui en est l'auteur où la raison commerciale d'une fabrique autre que celle où lesdits objets ont été fabriqués, où enfin le nom d'un lieu autre que celui de la fabrication » constitue un délit. Ce délit est puni par l'art. 423 du Code pénal qui réprime les tromperies sur la nature des marchandises. La poursuite n'en est soumise à aucune règle spéciale.

Propriété littéraire et artistique. — La loi du 19 janvier 1791 établit les droits des auteurs d'œuvres dramatiques, la loi du 19 juillet 1793 garantit les droits des auteurs d'écrits en tout genre, des compositeurs de musique, des peintres et dessinateurs. Les atteintes portées aux droits exclusifs de ces personnes sont punies par les articles 425 à 429 du Code pénal et peuvent être poursuivies d'office par le ministère public. Il en est ainsi alors même que le dépôt exigé par l'article 6 de la loi de 1793 pour les ouvrages de littérature [ou de gravure [n'a pas encore été effectué.

CHAPITRE VII.

DES DÉLITS COMMIS PAR UN FRANÇAIS A L'ÉTRANGER.

I. Les dispositions du Code de 1808 (art. 5 à 7) ont été modifiées par la loi du 27 juin 1866. — II. Les délits commis à l'étranger ne peuvent être poursuivis en France que sur une plainte de la partie offensée ou sur la dénonciation de l'autorité étrangère. — III. Motifs de cette règle. — IV. Le désistement du plaignant n'arrête pas la poursuite intentée.

I. — Notre loi pénale est territoriale, c'est-à-dire qu'elle réprime toutes les infractions commises sur le territoire français, quelle que soit la nationalité du délinquant ; elle est personnelle, c'est-à-dire qu'elle s'applique à nos nationaux qui la violent à l'étranger. Cette seconde idée n'avait été admise qu'avec une extrême timidité par le Code de 1808, qui ne punissait l'infraction commise à l'étranger par un Français qu'autant que cette infraction constituait un crime et que la victime était un Français ; il fallait, de plus, pour que la poursuite pût avoir lieu, que la victime portât plainte et que le coupable fût de retour en France (ancien art. 7).

Après plusieurs tentatives infructueuses, faites notamment en 1842 et en 1852 pour élargir le principe timidement établi par le législateur de 1808, une loi fut votée le 17 juin 1866, qui décide que désormais toutes les infractions à la loi pénale commises par un Français, en pays étranger peuvent être poursuivies et jugées en France après le retour de l'inculpé si celui-ci n'a pas été jugé définitivement à l'étranger (art. 5, nouveau texte).

II. — Telle est la règle générale. Cependant deux conditions particulières sont imposées au ministère public pour la poursuite des infractions qui ne constituent que des délits.

Pour qu'un délit commis par un Français à l'étranger puisse être poursuivi en France, il faut : que ce délit soit un délit commun, c'est-à-dire que le fait reproché soit qualifié délit et par la législation française et par la législation locale ; car, il est vraisemblable que le fait n'a pas une bien grande gravité intrinsèque, si la loi étrangère ne le considère pas comme un délit. Il faut, en outre, une plainte ou dénonciation préalable.

La plainte émane de la partie offensée ; la dénonciation émane de l'autorité du pays où le délit a été commis (1).

III. — Pour quel motif la loi de 1865 a-t-elle dérogé aux règles ordinaires de l'action publique ?

On a pensé que les preuves d'un délit commis au loin sont difficiles à rassembler, et qu'il serait presque impossible au parquet, agissant seul et sans le concours de la victime ou de l'autorité locale, de former un dossier un peu sérieux.

---

(1) La plainte doit être formée selon les règles ordinaires ; Voy. *Supr.*, Introd. — La dénonciation est faite dans la forme des communications diplomatiques.

Si cette idée est juste, il semblerait qu'une solution semblable aurait dû être donnée quand le fait commis à l'étranger constitue non pas un simple délit mais un crime et que la loi de 1866 aurait dû dire comme l'ancien texte du Code d'instruction criminelle que le crime commis à l'étranger ne peut être poursuivi que si la victime rend plainte.

Le législateur n'a pas cru devoir aller jusque-là ; il a préféré s'exposer au reproche d'inconséquence que de désarmer les magistrats du ministère public à l'égard des faits très-graves commis à l'étranger. Il a d'ailleurs prévu ce reproche d'inconséquence et il a essayé, par avance, d'y répondre en faisant observer « que l'État étranger est toujours sollicité vive-« ment à poursuivre la répression d'un crime, qu'il « peut au contraire attacher moins d'intérêt à la ré-« pression d'un simple délit ; et que, par conséquent, « le ministère public obtiendra toujours, dans le pre-« mier cas, un concours plus empressé que dans le « second au-delà des frontières (1). »

On ne peut nier d'ailleurs que le trouble apporté à l'ordre social par un délit soit souvent peu considérable et que l'exception faite en ce cas à la règle ordinaire du libre exercice de l'action publique puisse jusqu'à un certain point se justifier. Il est bon cependant de noter que lorsque les Cours et les Facultés de droit furent appelées à donner leur avis sur le

---

(1) Exposé des motifs de la loi du 27 juin 1866. Duv., *op. cit.*, ann. 1866, p. 221.

projet qui devait devenir la loi de 1866, toutes les Facultés et toutes les Cours, sauf la Cour de cassation et trois Cours d'appel, pensèrent qu'il y avait lieu de maintenir à l'action publique aussi bien pour les délits que pour les crimes, l'indépendance que lui donne à cet égard la loi générale (1).

IV. — Sous l'empire du Code de 1808 on discutait la question de savoir si la poursuite une fois intentée tombait par suite du désistement du plaignant.

M. Carnot et M. Mangin tenaient pour l'affirmative et raisonnaient ainsi : Pour les infractions commises en France, la compétence du ministère public est de droit général ; s'il en est quelques-unes qu'il ne peut poursuivre avant d'y avoir été provoqué par une plainte, cette condition n'est qu'une exception. Il en résulte, naturellement, que lorsqu'elle est remplie l'action publique doit suivre librement son cours et que le désistement du plaignant ne peut pas l'arrêter. Au contraire, en matière d'infractions commises à l'étranger la règle générale est que le ministère public ne peut pas poursuivre ; cette faculté n'est accordée que par exception au ministère public dans le cas où la victime porte plainte. La plainte est donc le principe de la compétence du ministère public et des tribunaux de France ; si elle est retirée, la compétence doit cesser (2).

---

(1) Voy. Duv., *loc. cit,*
(2) M. Carnot, *op. cit.,* t. I, p. 127 ; — M. Mangin, *op. cit.,* nᵒ 70.

M. Faustin-Hélie reconnaissait bien que la compétence du ministère public ne pouvait être ouverte que par une plainte ; mais il niait la conséquence qu'elle dût être fermée par le désistement du plaignant. Il faisait remarquer que la répression des infractions à la loi pénale est sollicitée, non point dans l'intérêt exclusif du plaignant, mais dans l'intérêt général de la cité ; qu'à la vérité pour celles commises à l'étranger l'initiative de la poursuite appartenait à la victime, mais que la seule raison de cette disposition c'est que, en pareil cas, le ministère public n'est saisi ni par les traces que la perpétration du crime laisse après lui, ni par la clameur publique, ni par le flagrant délit, qu'il avait fallu substituer à ces indices ordinaires d'autres indices, et donner une base à la poursuite.

« On prétend, ajoutait M. Faustin-Hélie que la
« compétence de la juridiction française, en cas de
« crimes commis à l'étranger, n'est qu'une exception
« et qu'elle est, dès lors, attachée au sort de la plainte.
« C'est une erreur. Cette compétence loin d'être une
« exception, est un principe parallèle au principe de
« la juridiction territoriale, et doit, dès lors, se mou-
« voir librement dans les limites, très-étroites à la
« vérité, qui lui ont été assignées ; mais de ce que
« cette compétence s'ouvre avec la plainte, il ne suit
« nullement qu'elle doive se fermer si cette plainte
« est retirée ; la justice, tant qu'elle n'est pas saisie,
« ne peut agir, mais, dès qu'elle l'est régulièrement,

« elle agit avec une pleine liberté dans le cercle de
« ses pouvoirs. Faudrait-il donc admettre que le plai-
« gnant fût le maître de suspendre la procédure à
« quelque phase qu'elle fût parvenue, et que, jus-
« qu'au jugement, il pût, à son gré, fermer les dé-
« bats, en y jetant son désistement? Mais alors ce
« serait la partie privée qui poursuivrait les crimes
« commis à l'étranger, ce ne serait plus la partie pu-
« blique; l'action publique lui serait personnellement
« déléguée avec le droit de transaction sur le crime.
« Il suffit d'énoncer ces conséquences pour que la
« solution proposée demeure convaincue d'inexacti-
« tude (1). »

Ces raisons données par M. Faustin-Hélie, sous
l'empire du Code de 1808, pour justifier l'idée que
le désistement de la plainte n'arrête pas la poursuite
contre les crimes commis à l'étranger, ont décidé la
loi nouvelle à donner une solution semblable pour
ce qui concerne les délits. — Le législateur de 1866
a compris que la répression des délits « est sollicitée
« dans l'intérêt général de la cité », mais il a pensé
que « dans les délits commis à l'étranger le ministère
public, n'étant saisi ni par les traces que la perpétration du délit laisse après lui, ni par la clameur publique, ni par le flagrant délit, il fallait substituer
d'autres indices à ces indices nécessaires. »

Il est certain que telle a été la pensée de la loi de

---

(1) M. Faustin-Hélie, *op. cit.*, n° 682.

1866. On ne saurait d'ailleurs en douter si l'on considère que le ministère public peut agir désormais, non-seulement sur la plainte de la partie offensée, mais encore sur la dénonciation du pays où le délit a été commis.

Une fois que le ministère public est saisi par la plainte ou par la dénonciation ; il n'a plus que faire du concours de la victime. M. Sorel qui a annoté l'ouvrage souvent cité de M. Mangin a cru devoir faire cette réserve « que le désistement doit arrêter « la poursuite toutes les fois qu'il s'agit d'un crime « où la personne offensée est en quelque sorte maî- « tresse de cette poursuite (1). » Cette remarque était, je crois, inutile.

S'il est des délits où la victime est en effet maîtresse de la poursuite, et j'ai montré qu'ils ne sont pas nombreux (2), il va de soi que les conséquences de cette idée ne peuvent changer parce que le théâtre du délit aura été non la France mais un pays étranger.

Il est évident, par exemple, que ceux qui admettent que le mari a le droit d'arrêter les poursuites commencées contre sa femme en vertu de la plainte par lui déposée, doivent attribuer au désistement le même effet, soit que l'adultère ait été commis en France soit qu'il ait été commis dans un pays étranger.

____

(1) Voy. M. Mangin, *op. cit.*, n° 70, 3°, n. 3.
(2) Voy. Introd.

TABLE DES MATIÈRES.

DES CAS OU L'EXERCICE DE L'ACTION PUBLIQUE EST
SUBORDONNÉ A LA PLAINTE DE LA PARTIE LÉSÉE

POSITIONS

DROIT ROMAIN.

I. — La juridiction des *quæstiones perpetuæ* dura jusqu'à la fin du Ier siècle ; à cette époque elle disparut complètement.

II. — Le Sénat eut, pendant le 1er siècle de l'Empire, une juridiction propre et indépendante même en matière de crimes non politiques.

III. — Les assesseurs des magistrats chargés de rendre la justice criminelle sous l'Empire n'avaient que voix consultative.

IV. — Il y avait des justices municipales même dans les villes ne jouissant pas du *jus italicum*.

V. — Les Romains n'ont jamais admis la compétence du lieu de la capture.

VI. — Le créancier conditionnel n'encourt pas la plus-pétition en poursuivant le débiteur avant l'arrivée de la condition.

VII. — Celui qui n'a jamais possédé ne peut pas user de la publicienne.

VIII. — Si la même chose a été achetée par deux personnes *a non domino*, l'action publicienne n'appartient qu'à celui qui possède.

IX. — Lorsque le *damnum injuria datum* viole un droit de propriété et un droit de créance, le cumul des actions n'est pas admis en principe ; mais l'action de la loi Aquilia est donnée pour ce qu'elle fournit de plus au demandeur.

DROIT CRIMINEL.

I. — Même dans les cas où le ministère public ne peut pas poursuivre d'office, la plainte doit, en principe, être formée selon les règles établies par le Code d'instruction criminelle.

II. — Pour que la femme adultère et son complice puissent être poursuivis correctionnellement, une plainte formelle est nécessaire ; l'introduction d'une instance civile en séparation de corps ne suffit pas.

III. — La femme poursuivie pour adultère ne peut pas opposer comme fin de non-recevoir à la plainte la connivence du mari.

IV. — Le décès du mari survenu depuis le dépôt

de la plainte en adultère n'arrête pas les poursuites.

V. — L'action publique n'est pas arrêtée lorsque le mari se désiste de la plainte formée contre sa femme.

VI. — Après la séparation de corps prononcée, la femme n'a plus qualité pour porter plainte contre son mari demeurant avec une concubine.

VII. — Lorsque le ravisseur a épousé la jeune fille enlevée, le ministère public ne peut pas agir d'office même lorsque la nullité du mariage a été prononcée; il doit attendre qu'il y ait une plainte formelle de la part des parents de la victime du rapt.

VIII. — Le ministère public a le droit de poursuivre d'office *les injures* adressées à un juré ou à un témoin (art. 47, § 4, de la loi du 29 juillet 1881).

IX. — Les juges du fait décident souverainement si le passage des chasseurs sur des terres emblavées a pu causer un dommage aux fruits recouvrant ces terres, et si, par conséquent, le ministère public a pu poursuivre d'office le fait de chasse sur ces terres.

X. — Le fait de pêcher sans autorisation dans les eaux des particuliers peut être poursuivi d'office par le ministère public.

XI. — En cas de contrefaçon d'une invention brevetée, le désistement du plaignant n'arrête pas l'action publique.

DROIT CIVIL.

I. — La personne judiciairement interdite, qui se trouve dans un intervalle lucide, peut valablement se marier.

II. — Le Code civil ne reconnaît pas l'emphytéose comme un droit réel ayant un caractère propre.

III. — L'art. 1094 qui fixe le chiffre de la quotité disponible entre époux est tantôt extensif tantôt restrictif de l'art. 913, qui fixe le chiffre de la quotité disponible ordinaire.

IV. — La quotité disponible n'est pas dépassée lorsqu'une personne qui laisse trois enfants a disposé de la moitié de ses biens en usufruit en faveur de son conjoint et d'un quart en nue-propriété en faveur d'un étranger. Il n'y a pas à distinguer si la disposition en faveur de l'étranger est antérieure, postérieure ou concomitante à la disposition en faveur du conjoint.

V. — L'acte sous seing-privé qui n'a pas été dressé en plusieurs originaux ne peut servir de commencement de preuve par écrit à l'effet de rendre admissible la preuve testimoniale.

VI. — Dans le silence du bail, le droit de chasse appartient au fermier et n'appartient qu'à lui.

HISTOIRE DU DROIT.

I. — L'arrière-vassalité a, comme la vassalité, une origine germanique; elle se rattache au *comitatus* des Germains.

II. — Le douaire a une origine à la fois romaine et germanique.

DROIT PUBLIC.

I. — Un accusé français extradé n'a pas le droit de prétendre devant les tribunaux français que l'extradition n'a pas été régulière, pour se faire relaxer des poursuites.

II. — La loi du 23 mars 1855 n'a pas abrogé l'article 17 de la loi du 3 mai 1841.

III. — En cas d'expropriation pour cause d'utilité publique, le locataire a droit à l'indemnité, quand même son bail n'a pas acquis date certaine antérieurement à l'expropriation. — C'est le jury qui juge la question de savoir si, en fait, le bail est sincère.

Vu par le Président de la thèse :
J. LEVEILLÉ.

Vu par le Doyen :
Ch. BEUDANT.

VU ET PERMIS D'IMPRIMER :
Le Vice-Recteur de l'Académie de Paris,
GRÉARD.

Paris, imp. F. Pichon. — A. Cotillon & Cⁱᵉ, 30, rue de l'Arbalète, & 24, rue Soufflot.